社社/著

SHESHE'S
WORK

别废话！你还可以更好

Don't Talk Nonsense!

湖南文艺出版社
HUNAN LITERATURE AND ART PUBLISHING HOUSE

博集天卷
CS-BOOKY

图书在版编目（CIP）数据

别废话！你还可以更好 / 社社著 . -- 长沙 : 湖南文艺出版社 , 2012.11
ISBN 978-7-5404-5807-2

Ⅰ .①别…　Ⅱ .①社…　Ⅲ .①恋爱心理学—通俗读物　Ⅳ .① C913.1-49

中国版本图书馆 CIP 数据核字（2012）第 237767 号

上架建议：情感·励志

别废话！你还可以更好

作　　者：社　社
出 版 人：刘清华
责任编辑：丁丽丹　刘诗哲
监　　制：蔡明菲　潘　良
策划编辑：邢越超
特约编辑：汪　璐
封面设计：吕彦秋
版式设计：姚姚设计工作室
出版发行：湖南文艺出版社
　　　　　（长沙市雨花区东二环一段 508 号　邮编：410014）
网　　址：www.hnwy.net
印　　刷：北京市兆成印刷有限责任公司
经　　销：新华书店
开　　本：880mm×1230mm　1/32
字　　数：137 千字
印　　张：7.5
版　　次：2012 年 11 月第 1 版
印　　次：2012 年 11 月第 1 次印刷
书　　号：ISBN 978-7-5404-5807-2
定　　价：28.00 元

（若有质量问题，请致电质量监督电话：010-84409925）

目录

CONTENTS

Don't Talk
Nonsense!

目录
CONTENTS

Don't Talk Nonsense!

目录
CONTENTS

走向幸福的路向来泥泞满地,如何能在天生的沼泽之地仰望星空? 有人脱颖而出,他们后来当了明星和大明星,在夜晚,那样的光芒也会偶尔替代灯塔来指明方向。

Don't Talk
Nonsense!

目录
CONTENTS

Don't Talk
Nonsense!

自序
犯错，也是一种凿壁偷光

社社

这好像是我第一本书，对我来说，它是若干年的自省与悔过，强迫我回头审视历年历月犯过的错。写这本书的过程很难，像一个弹琴时手指上留下的血泡，当时是疼的，可是结疤以后会变得坚固硬朗。

即使是在他者看来再幸福不过的人，华服云裳下也有唯独自己才看得到的伤痕。过对的人生、做对的选择，甚至仅仅是选一件对的衣物，都是很难的事儿。我喜欢一句话剧台词："你是我温暖的手套、冰冷的啤酒。"我们都希望在合适的地方找到合适的人，但很遗憾，在你的回忆里，自己常常弄巧成拙，以至于"你是我温暖的啤酒、冰冷的手套"。

为什么我们会犯错？我们犯错，因为不想过将就的生活。很多事情，都是越努力越错，可是不努力，又岂止不甘心？生活之旅，总要交一些学费的。人生而无奈，容貌、出身、职业、际遇、健康，甚至财富，都是无法选择的事儿，无非是用对方法、听天由命。人生就是渐渐学会认错和认命，我想，这也是与自己和解的意思。

就算再认真应对，KTV 里还是有无数人总是跑调。关于人生的主 key（旋律），我们都知道那是一条写满平安喜乐的路，但是，依然会无可奈何地走调地唱下去。旁人通通无能为力，大多敷衍了事，顶多随喜赞叹，也都是安慰奖。是的，回看来路，我们错了那么久，久到我都忘了自己对的样子。

那么，久是多久？

很久很久。等待伤口愈合的时光，是我们生命中最美的时光。好在犯错也是有好处的，在错误中的体悟，既有经验，也有教训。

在摸爬滚打、拖泥带血的肉身上，我们咬牙忍住；血肉模糊都是生命最好的平安符，它们根植在过往的生命里，变成养料，化成泥土，与我们形影相随。在人生处于弱势的时候，那些过往将跳出来金光大作，护佑我们，消灾解难，让我们枯木逢春。

世界有灵且美，比如在爱人面前露出贪吃的样子、给父母一个拥抱、做完大项目团队用瓶子吹啤酒、跟朋友聊一次酣畅淋漓的天。为了这些，我们忍痛回顾错误，用伤口检讨，在下一个路口决不被同一颗，哪怕是类似的石头绊倒。即使经过再难看的景象，也要相信前路有屋，屋前有林木高耸，以及清俊的年轻人出现。我们画火御寒，假装盛夏，从未有冰川。

这本书是在我的错误中一点点成形的，我们都犯过错，并将一直错下去。改正旧错，迎接新错。我想把这些错和隐忍告诉你们，以纸为介，我在这头，你们在那头。我们都是夜间不睡的魂，都是城里流浪的人。错了也没关系，在这个充斥着成功与欲望的世界里，偶尔犯错的你，才是真正可贵的。莫忘初心。

面对错误，有些事有错就改，有些事坚决不改，这也是对的选择。面对光阴，迎头走过去，在不对的人生里，重新想象。把吃亏当作便宜，在正确的选择面前偶尔犯一下傻，那些错从而化成水，再成冰，再成雾，这是在浊世中凿壁偷光。

愿光芒永驻。

生而为错
Born to do wrong!

上卷

我们通通犯过错，在人生长河中，
永远会有走错做错的时候。
成长就是经历不少人与事，
错失错事早已罄竹难书，
但还是相信总有光会照过来。

做金刚，或金刚芭比

太金刚的哥们儿或者太芭比的姐们儿都会变得异常好斗，金刚们不容指摘，芭比们见不得比自己美或会打扮的娘儿们。这都是给自己添堵。

世道艰难，做人难，做男人难，做女人也难。好多希望在职场上一展拳脚的人儿都有个巨大的选择性难题：到底要强硬，还是要温柔？要势如破竹地拼命干活儿，还是春风满面地左右逢源？什么样的人能活得更好？女人怎么过日子才能叫生活幸福？

真是做人难、难做人、人难做。现在，职场生存不容易，在外要跟残酷世界贴身肉搏，回家又要洗手做羹汤，照顾老公孩子一家老小。你以为有了保姆、钟点工就能解决问题？又怕保姆做得太娴熟而拿乔，又怕保姆跟孩子关系太好，让孩子不知道谁是老娘、老娘是谁。未婚未育男女强人都可以找钟点工这是不假，问题是他们只能帮你打扫，可收拾家却是另一回事儿啊。

　　有的男人选择做金刚，有的女人选择做芭比，问题是，他们都觉得再这样下去不行。做金刚的那些，拼命干活儿，勤奋刻苦，可是要么比旁人升职慢，要么变成开荒牛。做芭比的也有自己的烦恼，谁肯把重要项目交给她做？就算努力争取，进入项目以后也会被老油条们默默归类到"长得不错，当个秘书也蛮好"的行列。各有各的问题，一个阳气太重、不懂变通，一个阴柔过剩、缺乏霸气。

　　要不说肌肉gay（男同性恋）是世界上最难惹的人群呢，他们上能补天，下能打滚儿，总之，刚柔并济，堪称全无敌。出外是时尚型男，任何时候出席巴黎时装周都毫无破绽；工作上是业务骨干，肯抢肯拼；回家进厨房，一伸手就是满汉全席级别，只消一小时，荤素凉盘甜点都有了，还能表演日式茶道香道花道。某姐们儿有一次参加完聚会后，带着哭腔儿说："他们都说，有了gay，还要你们女人做什么？！"

　　雌雄合一真是大杀器。你看那站上公司明星员工领奖台的瘦弱女员工，通身上下都写着"哒！那姑娘，你的肱二头肌和鼻毛无一不诉说着你是威武雄壮真金刚！"我觉得做金刚芭比比较难，因为她们龙虎交会、阴阳交融。不过有一类姑娘显然是矫枉过正了，比如那些只能当金刚不能做芭比的姑娘，因此耽误了私人生活。别相信男帅女壮（请读三声）配对儿成功的韩剧，那里面的故事不知道为啥，都让人有种傻姑顺手日杨康的意外收获感，现实生活中是没有的。要是真有男人爱你的男人味儿，那他，大概更爱真正的男人味儿吧。不想变同妻的话，择偶须无比谨慎。我有一个经常被同性告白的朋友——直女、短发、性格爽朗，喜欢穿朋克风的黑皮夹克、戴各种铆钉首饰——终于跟她喜欢他、他也喜欢她的男孩儿在一起了，从此魔女大变身，开始狂购淑女屋、阿依莲和歌莉娅。她用所有男生看好的有女人味儿的衣服组合成了一个好难看好难看的人。

简直扼腕。

还有些纤细得惊人的男生，明明不是 gay，偏偏细心体贴敏感柔弱得叫人肝儿颤。所以，被男同事告白也怨不得别人。参加公司旅行年会的时候，人事部门安排他的房间也成了大问题。跟男同事合住，不合适吧！跟女同事合住？别胡说！那住单间？这是中层以上干部的待遇呀！最后只能跟公司最难看的狐臭男同事合住一个房间。明明众人都玩得喜笑颜开，只有他哭丧着脸苦熬三天，崩溃不崩溃？

而且，太金刚的哥们儿或者太芭比的姐们儿都会变得异常好斗，金刚们不容指摘，芭比们见不得比自己美或会打扮的娘儿们。这都是给自己添堵。前段时间，我看《新科学家》杂志说有机构做了实验，证明长期处在人群争斗所带来的负面能量中会让人的心脏和大脑分泌出更多的有害物质，容易早死。多可怕！

当然啦，那些跟职场女英雄发生感情纠葛的哥们儿比较辛苦，动辄变成"家有好男儿"，明明也是出得厅堂、进得卧房、当得牛郎的高帅富猛男，却被老婆媳妇儿女朋友调教成万能"小妞儿"，不容易。如果你爱上的是一个矢志投身"道"的人，不管是邪门歪道还是光明正道，这个人对你来说，都只堪远观，无法亵玩。两人之间的沟壑俨如天堑，若想变通途，要么 TA 变傻变蠢，要么你化身为道，让 TA 爱上你等于爱上了寂寞，否则无解。不过也难说。很多时候是这样的，她出门应酬，你在家看球；她出国出差，你收拾屋子；她满眼金星，你巧手烹汤。我真不是男子霸权，相反，我非常尊重女性，因为这种场景如果换个个儿，也未必合理，但公序良俗认知的习惯里，以上情景一旦出现，基本上会家宅不宁。选伴侣除了要有爱情，也多少要像选工作一样，看看薪资、五险一金、发展前景等各项基本指标吧，要是机制运行不畅，那以上的条件都是泡影。

不过也有这种情况：

一开始女方年入三万，男方年入五万；

接下来女方年入五万，男方年入五万；

再然后女方年入十万，男方年入五万；

现在女方年入两百万（还不包括年终奖），男方还是年入五万。

你说有没有问题？但也真有当事人乐在其中、旁观者心急如焚的，这就是皇帝不急太监急的真实再现。啧啧啧，啧啧，啧。谁的福谁享，谁的罪谁受，各安天命吧。

　　你看看人家邓文迪，走红毯的时候是老公旁边最艳光四射的中国娃娃，老公被人突袭后老拳狂出，老徐州女排健将风采瞬间重现，更别提人家一口气读下美国常春藤名校 MBA（工商管理学硕士）了，简直是能文能武。该金刚的时候是无敌铁金刚，该芭比的时候是万人迷芭比。所以做女人多难啊，但真要做到了，立刻当上传奇女性。不过这种尺度也挺难拿捏的，毕竟一有不慎走火入魔，接下来映入眼帘的，就非人妖即胸肌胡须女了，都挺愁人的。

忘记丫是丫

从他她它渐变成丫丫丫，称谓上的落差无非是一些低级把戏，以及高级玩具。
罢了，因为爱过，所以慈悲；因为爱过，所以自卑。

  关于遗忘，人类只能意会，不能解释。正如大多数可视化的爱情和
纠缠一样，感情越是强烈丰富，执念越深重。我曾因《我脑中的橡皮擦》
写过一个戏谑的电影剧本《我脑中的大姨妈》，因为忘记和无法忘记，生
活中那些难以迈过去的坎儿便成了心魔。在"神奇主妇"阿加莎·克里
斯蒂写的犯罪事件中，忘记便释然，而不能忘记的结果，通常是心魔四
起、杀机毕露。在倒贴养汉与抢粮抢郎并行不悖的时代，在春潮翻涌、
各种狗血事件超越现代主义虚拟主义极简主义的时代，忘记是一个人所
能做的最简单的事儿。但我决定，不忘记丫。

  从他她它渐变成丫丫丫，称谓上的落差无非是一些低级把戏，以及
高级玩具。罢了，因为爱过，所以慈悲；因为爱过，所以自卑。假装忘

记他，真的忘记他，这实在是感情世界追忆似水年华的二律背反，一则崩溃，一则黯然。

我有一个朋友，狮子座，靠谱儿网站编辑，从大学开始喜欢某女——这真是个俗气的老故事，他爱她，她不爱或者不那么爱他。大约喜欢了十年，他北漂了很久，一直没交女朋友，因为人斯文，性格又温柔，难免会有断背疑云，他无所谓，因为爱她。当她哭着说"你知不知道我最爱的水果是红烧肉和酱肘子"的时候，他还不知道，他和她早就不是一伙儿啦。后来，她终于明确地说"我不爱你，你赶紧滚远点儿。你喜欢我哪儿，我改还不行？"的时候，他发现过去的日子，实在是镜里流年、水中岁月，不堪回首到让人想吐。分手前，他约她去鼓浪屿，机票订好、宾馆约好、套套准备好，这么多年他们还是"纯、真、的"。她临时状况百出，"我头疼我晕我好难过我不想去了我要见姐们儿"等等，他终于明白，她只是不爱他。他念念不忘的，早已被她弃若破鞋。自此，"她"变成了南方人"他"口中不纯正京腔的"丫"，"丫根本不爱我，丫就是耍我，丫根本没爱过我，丫……我还是爱丫"。俨然虽谢尘缘，难返天庭。他是个好人，她当然也不坏。有些人天生不能系统自净，以至于徒生烦恼。王菀之的《柳暗花明》里，林夕写过"人类最坏习惯是被习惯欺骗，放低了诺言，才知根本不怕善变"。当然，我还听说有姑娘酒后打电话给相亲对象，接通后骇然发现是十年前 ex（前男友）的号码……

　　巴尔扎克写的欧也妮·葛朗台，那个守财奴家的大小姐，用一生的时间纪念一个负心汉。她结婚嫁人，但以终生守贞为条件。忘记是一个人所能做的唯一的事，但我决定不忘丫。当芙蓉姐姐瘦到了九十斤，泰森开始吃素，凤凰传奇的玲花嫁给了搭档"切克闹"以外的男人，我们就再也不信回忆了，当然，也不那么相信爱情了。与其记得雷同，不如忘得别致。跟有情人做快乐事，别问是劫是缘——这样的人往往具备自动清空系统，隔段时间便能重新做人，改头换面，甚而一不留神"俱往矣，数风流人物，还看今朝"的架势，舍我其谁啊！别念念不忘，因为你的煽情长情在对方眼里，也许只是一场拙劣的独角戏，时间则势必在偷笑，"来吧来吧来吧朋友"，"再过二十年，我们来相会"。所有想报复的都已报复，心有不甘的迅速幻灭飞升。所以，忘记丫是丫，或者忘记丫？是丫！是丫。是？丫……通通是乱码。

　　有人说过一句狠话：你我之间没有离异，只有丧偶！十几岁的时候有爱，二十多三十多的时候，必须有钱有情了吧。到了放肆爱却不表白的岁数，谁是谁的优乐美啊！对旧情念念不忘的根源，要么是过得不好，要么是闲得蛋疼。简直是爱比死更冷的斯德哥尔摩症候群，我爱你你打我我爱你你走我爱你你狠狠虐我，然而，我爱你我爱你我爱你！亚洲人的多线性情感模式比迷宫更魔幻，比《非诚勿扰》更惹人烦。

　　《恋爱的犀牛》中，马路曾经说过："忘掉她，忘掉她就可以不必再忍受，忘掉她就可以不必再痛苦。忘掉她，忘掉你没有的东西，忘掉别人有的东西，忘掉你失去和以后不能得到的东西，忘掉仇恨，忘掉屈辱，忘掉爱情，像犀牛忘掉草原，像水鸟忘掉湖泊，像地狱里的人忘掉天堂，像截肢的人忘掉自己曾快步如飞，像落叶忘掉风，像图拉忘掉母犀牛。忘掉是一般人能做的唯一的事。但是我决定不忘掉她。"

　　因为回忆作祟，所以人生在世难免吃棵回头草，或者作为回头草被路过的草泥马吃个三五口。对于爱吃回头草的草泥马，严词以斥是无用的，不如转换成人生必杀技模式，告诉他：1. 我没钱；2. 我家负沉重，父母有恙，弟妹年幼，兄嫂刻薄；3. 你听过安利吗？

最好的闺密，最后的敌人

爱人够美好体贴温柔，闺密情如姐妹胜亲人，最后闺密抢走爱人。这样的事情在任何一个狗血的民生节目里都不罕见，它足够吸引眼球并且惹人猜测。

没有一份爱是毫无破绽的。大多数时候的坚贞不渝没准儿只是缺少了触动本能的诱惑。感情对女性意味着什么？这其实是个设问句，因为很多姑娘都会不自知地把爱情与钻石华服当成一样的东西，让自己挺起胸膛抬高头颅，看似温和实则不无炫耀地呼啸而过。爱情也可以是装饰品。

爱人够美好体贴温柔，闺密情如姐妹胜亲人，最后闺密抢走爱人。这样的事情在任何一个狗血的民生节目里都不罕见，它足够吸引眼球并且惹人猜测。如果多个人爱一个人，那他们的关系要么像同一个粉丝会的成员，共悲欢且共患难，这时候叫他们"爱人同志"则也未尝不可；要么互相仇视斗殴，彼此PK（对决）。这两种情况的结果都非常惨烈……

直叫人不忍卒睹。不过一般说来，狗血事件往往在此类关系中诞生，譬如闺密抢了自己的男人，两兄弟同时爱上了一个姑娘，弟弟纯情、哥哥浪荡，后来弟弟发现哥哥睡了自己视若珍宝的姑娘……总之，各种纠结在这种关系里简直频发到令人发指的地步。

我有一个朋友，有一天她跟男友约会的时候偶遇了好姐妹，于是乎一起吃个饭呗。饭后她男友就疯狂地盯上了她的好姐妹，而她的好姐妹下班回家的路上都在跟她男友打电话，据说是因为怕黑，要找人陪。我这个朋友挣扎了一下，当机立断地跟那个男人分了手，跟她的好姐妹则一朝变为路人——绝对损失惨重。事实上，对她来说，这简直是一场不堪回首至极的经历，就像受过重伤的武林高手，此后再也无法恢复鼎盛时期的风华正茂，只能让心头那一簇小火苗慢慢温热，生怕一阵冷风过后，荒芜深入骨髓。她很后悔，她说她至今还爱他。因为得不到，所以更加爱。

最希望闺密们的择偶范围被缩至最小的人肯定是金庸了，君不见《天龙八部》里的好姐妹修罗刀秦红棉和俏药叉甘宝宝是师姐妹，并且都给段正淳生了个貌美如花的闺女，无崖子老爷爷则同时让师姐妹为他吃醋斗殴，不过这应该是闺密变"爱人同志"的反例吧——师妹害得师姐终身残疾，师姐则在师妹的新婚之夜划花了她的脸。而对任何一个男人来说，恐怕也没法深爱能对姐妹痛下狠手的姑娘吧。所以无崖子喜欢的原来是李秋水的妹妹，可怜的天山童姥和李秋水白白斗了一辈子，白白地衣带渐宽终不悔，白白地为他消得人憔悴。

梦里寻丫千百度，蓦然回首那人却在原地没挪步。这种情况同样适用于闺密界，譬如那个跟好姐妹男友交往的姑娘。有一天，我看了这么一道选择题：哪一种情况会导致如胶似漆的闺密翻脸？选项包括：借钱不还，约会她的男友或前男友，和她买一模一样的裙子但抢先她一步穿出来，对她的男友不感兴趣。

好吧，默默地选择了"约会她的男友或前男友"并笃定地认为这是唯一答案的时候，我看到了它的正解。跟好姐妹翻脸的理由一定有约会其男友或前男友，但除此之外，对她的男人完全无感也是大罪一桩。究竟要怎么跟姐妹的男人相处真是个问题。把他当男人是不行的，可完全不当成男人的话，只会让彼此都尴尬。亦舒师太说"熟稔带来轻蔑"，这真是没错。总有一种傻大姐，乐呵呵地把男友介绍给闺密认识，希望能把自己爱情的甜蜜与她们分食。可最终，她才是那个把男女主人公穿到一起的绳子，大家只记得故事，谁在意绳子的悲喜呢。

所以，财不露白。对爱情来说，这是铁律，妄动者死。

爱情的雄黄

在爱情里，一味地强硬是没有用的，对方因你而生的怜惜之心，就是一次一次在这种场景下被扼杀和熄灭的。要撒娇，要伏低做小，要示弱，要愚蠢，要学会崩溃和控制着不崩溃。"俗不可耐"是一件幸福的事情。

雄黄（AsS），又称石黄、黄金石、鸡冠石，是一种含硫和砷的矿石，质软，性脆，通常为粒状、紧密状块或者粉末，条痕呈浅橘红色。雄黄主要产于低温热液矿床中，常与雌黄（As_2S_3）、辉锑矿、辰砂共生；产于温泉沉积物和硫质火山喷气孔内沉积物的雄黄，则常与雌黄共生。不溶于水和盐酸，可溶于硝酸，溶液呈黄色。置于阳光下暴晒，会变为黄色的雌黄和砷华，所以保存应避光以免风化。加热到一定温度后在空气中可以被氧化为剧毒成分三氧化二砷，即砒霜。

有些姑娘是白素贞，即使有千年道行，又怎敌得过他喂的一口雄黄酒？瞬间原形毕露、披头散发。你可曾见过受过良好教育举止斯文情商智商双高工作体面收入丰厚相貌过人的好姑娘因为人渣男变成战斗型泼妇鏖战公众场合的？正经不少。问题在于，人渣就是雄黄。珍爱生命，远离雄黄，免得万劫不复回头再难。

九月九雄黄酒，让你现了原形。谁掌握对方的细软，谁就能跟 TA 远走高飞，谁也能让他她它魂飞魄散。爱情的雄黄，太热了，就成了砒霜。所以你看，寂寞的时候，贫贱的爱是穷人手中的手电筒，放眼看去，模糊的灯光，是幸福的幻象。

一日，我在家玩 Wii（日本任天堂公司推出的家用游戏主机），我习惯玩网球，一来确实喜欢，二来也是喜欢运动。冷不丁发现惯常直接跳过的训练模式竟与小时候对墙打乒乓球一模一样，兴趣来了，确实好玩儿。这个模式里的高级选项是这样的：面对对方球场墙上的靶子，要球球上靶才能得分，打的力大便成了壁球，很容易一败涂地。打球的时候我发现，自己打得越大力，弹回的球便越难接；若是力气不够，则很容易打不到墙上，或只是保证球未曾两跳以至于继续下去。要在运动中打中球靶得分，真要力道恰当、全神贯注、奋力出击、不可犹豫。

我笑说，这正像是当下的婚恋模式。两个人在一起，若是希望关系长久，仅凭激情是维系不了的，对内和对外，都需要强大的控制力支撑。否则，一不留神，一拍两散。

面对痛苦，延及自身的若隔岸观火，而对他人的则感同身受，这才是品格心智完整的人。看看微博上，那些深夜失眠的人，若不是心中有苦，怎会信手推开深眠的门，走向拷问自身的不归路？不远处的辛辣孤苦，在飞在飞。心里的苦积久了，就成了穿心莲，但食客们明明更爱心里美萝卜。

在爱情里，一味地强硬是没有用的，对方因你而生的怜惜之心，就是一次一次在这种场景下被扼杀和熄灭的。要撒娇，要伏低做小，要示弱，要愚蠢，要学会崩溃和控制着不崩溃。"俗不可耐"是一件幸福的事情。

再伧俗的人生，只要能多赚钱，那么即使买不到幸福，也能买到春风得意和表面光鲜，已经不易。其他的，都是奢求。得之我幸，不得我命。好俗套是不是？可这是真的。

人生处处贱女孩儿

我真心觉得，男人犯贱是可以原谅的事儿，但女孩儿如果把自己当粗糠，只会让人觉得心疼和不忍，而且不落好。

有个朋友的微博里写过这样一句话："忘记一个人其实很简单：不要见，不要贱。"犯贱这种事儿，是人的天性，问题是您要顺着天性做事儿当个二百五，还是逆着天性做人当个懂事儿靠谱儿的，这都在一念之间。做人的十字路口上，每条路都写着迷思，而稍有不慎，犯贱就是起码的。

曾经我是不相信世界上有无缘无故的爱的，直到我长大以后重读了薛仁贵全传。你看，纵使相逢应不识，尘满面，鬓如霜，王宝钏还要面临衣锦还乡的老公对自己贞洁的再三挑衅和考验，以及到最后苦守寒窑十八载这种反人性的事儿还要被千古传颂，完全不可理喻。别以为这是旧事旧物而你我都聪明机智鸡贼，说真的，作为一个自虐型付出人格的人，王宝钏早就在你我身边"借尸还魂"了。那些个男友各种犯浑犯二还对其恋恋不舍的姑娘，你们有此待遇，绝对不亏，都是自己应得的。你想啊，连性格不合的同事都不太可能一个桌上吃饭，何况谈恋爱呢？要说一个锅里吃出两种人，我真不信。

这边柔情蜜意，那边拳打脚踢。再不堪的男人，如果仔细回味，都会发现他身边永远有个牛皮糖式的女人，犹如搁浅半死的鱼，头相对、尾相连，构成一个各自循环彼此照应的太极阴阳图，绝不会有"嫦娥应悔偷灵药，碧海青天夜夜心"的情况发生。

我真心觉得，男人犯贱是可以原谅的事儿，但女孩儿如果把自己当粗糠，只会让人觉得心疼和不忍，而且不落好。至于如何不犯贱，这范畴说大不大，说小也能精确至细枝末节，无非是别做不该做的事儿，而已。至于衡量标准，只要你好好回忆一下从小到大爷爷奶奶爸爸妈妈说过的话即可。掌握分寸的话，人生会进入另一个得心应手的阶段，而且好气质肯定战胜朝天鼻，不然你看演艺圈的那谁那谁和那谁。

我认识一个姑娘，成年后多次小范围整容，以至于现在变成了一个大美大波的姑娘，年龄不小，心智不大。她曾经的逸事是为了把自己的第一次保留到婚床上而甘愿让男友"走旱路"。后来，她做了痔疮手术。现在她找了个心眼儿奇小的上进男，年龄不大，责任不小，因为出身农村，所以誓要把一家老小都带到城里——这意味着，从小娇生惯养的她不仅要伺候他，还要伺候他全家老小十几口。

最近听说她的"劳模"事迹是这样的：因为一张票，两人要分手。那本来是个全家总动员的周末，有人送了男的几张世界之窗的票，让家人拿着票周末去玩儿，本来是周六，结果男的看成了周日。女生质疑男的如此小事儿也能犯错，男的顿觉自尊无比受创，两人于是闹分手。

鏖战开始。

第一轮，分手次日她跟对方说，把油卡给我，男人拒绝，而后，发短信说，我们各自冷静一下吧。第二轮，因为之前她已经给对方姐姐预约了拍影楼的写真，不能延期或取消，钱付了，人情也用了，必须要去。给他姐姐一家拍完写真后，他姐姐硬把她拉到家里，结果男人依然冷言冷语，她满腹委屈。第三轮，她继续主动，他闪躲，她又主动，对方继续闪躲。两人终于和好，男人表现得不情不愿。最近该男开始劈腿乱搞，她则一如既往痴心一片全身心付出。

有一种女孩儿是这样的，一旦周遭朋友家的猫狗要生宝宝，她就急赤白脸地冲过来我要我要我要要要，要了以后……就没以后了！长辈们看在眼里都知道，这个姑娘骨头轻，要看着点儿，不然上天了。我的那位朋友显然不是这种类型，她属于王宝钏借尸还魂型的。哪有什么理所应当的不合适和不开心就分手？谁的福谁享，谁的罪谁受，无非是各领因果而已。

　　不过那个"贱"字也不是一笔写出来的，但凡回顾贱女孩儿的完全体之路，都是有迹可循的。有人说了，因为男人来自火星，女人来自金星，所以推论，火星——人类未来的殖民地大本营，金星——表面温度480℃，会下硫酸雨。

　　但是，对你不好的人，你也别上赶着，越卑躬屈膝，你在对方眼里和心里的价值就越低。如果还牵扯到对方的父母兄弟和朋友的话，你以为他们能说你半点儿好话？还有就是别把性技巧如何让对方high（兴奋）翻天之类的床帏秘技当作爱情《九阴真经》来练，我负责任地说，尽管大多数时候男人的行为都受下半身影响，但男人毕竟还长了个脑袋，又不是找小姐，不是所有人都奔着下三路的事儿来结婚的。退一万步说，就算你真的练就一身性学神功，你的对象也会觉得你是个身经百战的"老革命"，默默地睡过吃过然后一抹嘴巴擦过闪过消失了……就算是真成了，也不过是"啼笑姻缘"而已呀，有什么好骄傲的。

　　太过付出的人生，就是吃酸辣粉的时候只要咸菜花生不要粉——齁嗓子。做过火的事儿，就是在家庭作业上处处写下错别字——意思还是那个意思，可是，终究是得不了高分的。

　　当然，我可以预见的是，好多年以后，也有人把这种事儿当作传奇和逸事，这就像袁腾飞讲的历史，归根到底，历史和那些留下来的悲壮的风起云涌的天崩地裂的爱情故事一样，都是扯闲话，而回归到当事人身处的当时当下，也都是心里长草浑身长刺，不得劲不舒服，想哭想闹想死想崩溃想满地打滚儿想一哭二闹三上吊，而已。作为一坨肥胖男子，以我对自己和周遭兄弟们的了解，越是这样的姑娘，越容易被吃过就跑……这样的话，只能跟那个男人不见不散了——你可以解读成既不见，也不散。

你应该回家，从此不再游荡。跨过忘川河，走过奈何桥，踏过黄泉路，摘下彼岸花，手握三生石，然后喝一口孟婆汤，从此脱胎换骨重新做人，同幸福在一起。别模仿往事，顶多跟往事干杯；更别奢望复制传奇，因为当咱们把日子过成段子的时候，真的会后悔没记住郭德纲的那句经典台词——你要学好。每个男人和女人在感情方面都有辉煌的过去和不堪的历史，所以，也没什么大不了的。

姑娘，别闹

最气人的还就是那句：谁谁谁，你别闹！
你说到底是谁在闹？按科学原教旨的说法，我们都来自宇宙，也就是说，大家祖上都来自宇宙，全是外星人，谁也别瞧不上谁。

　　有人说，一个人是一座岛。世界虽大也小，个体虽小也繁杂。放眼远眺的话，任何一座岛屿都只是地图上的小黑点儿，但离近了，岛屿上的岩石、植被，以及海浪沙滩仙人掌才能看得清楚。对信息时代的人来说，很多人更愿意通过网络和电话来联络他者，似乎抛开视觉之外的另一种认知方式更为精确。这意味着，一个人无论如何了解另一个人，也因此不得不付出更多的精力来确认对彼此的认知。一部分人养成了将他人简单粗暴地加上标签的习惯，无论你有任何合理或相反的要求、情绪、变化，若还是个女性，只能换来一句："姑娘，别闹。"

　　我从来都觉得，一个人在日光下曝露的时间越久，TA 的影子就会越浓厚。有些个艳名远播的恶女花魁，其真人没准儿是个欧也妮·葛朗台。很多姑娘如此这般吃下了闷亏，外人还觉得吃亏就是占便宜——人人都说这些姑娘真难搞，久而久之嫁不出去变成理所当然，一旦嫁出去且要感恩戴德。真奇怪。

被委屈归类的女孩子里，很多都是难得的长得美、心眼儿少，有些姑娘是罕见的妍皮痴骨，有些则是钢筋铁骨，过的是忘年的生活——所谓忘年，大约是忘记今夕是何年，以及，每一天都当作全新的人生。有些姑娘不是十八二十的小女孩儿，但身上一直有天真的痕迹。世界太小了，而人生很长。

不过话说回来，最气人的还就是那句：谁谁谁，你别闹！

多堵心啊。你有千张锦绣情书，他只来得一句"别闹"！

别闹别闹别闹！

谁要跟你闹啊！

我随便乱想的时候，有一天忽然意识到"好自为之"真是世界上最难听的脏话。我的好朋友米奇·沈有一天翻着白眼儿打着酒嗝儿跟我说："其实我跟你说，所谓的'真性情'到了江湖上就是'二'的代名词吧。对疼你爱你的人，那是真性情不做作；对不在乎你的人，就是不懂事儿。但这年头儿爱你和不理你的区别这么模糊，还是保守点儿控制性格吧。"

而我认识的另一个不靠谱儿的二×女青年则在一次淘宝旺旺群聊中

骄傲自豪地跟各位分享了自己的有趣经历：今天我被问有没有男朋友的时候，凶残地问对方老公有没有在房产证上写她的名字，结果丧失了一个本来可以虚伪相处的熟人，多了一个在背后骂我变态的敌人，心情好沮丧呢……

你说到底是谁在闹？按科学原教旨的说法，我们都来自宇宙，也就是说，大家祖上都来自宇宙，全是外星人，谁也别瞧不上谁。生命是一个动词，即使是安静的、闲适的、平缓的，也还是动词。老是原地抱团、想起一出就往前蹭蹭什么的，其实是在磨损自己。老是让别人"别闹"的这些个人，其实对自己的那些烦心事儿，也就是不予理睬、不给机会。用陕北话说，那你还想干个甚？对于他们，大可不必理睬。得我你幸，不得你病。时间有时候不仅是把杀猪刀，还有可能是猪饲料——把好端端的人喂成了猪。

我听说过一个趣闻，凯特·温斯莱特以《朗读者》和《革命之路》分别拿下金球奖剧情类电影最佳女配角奖和最佳女主角奖，媒体形容她为"金球女孩儿"。金球奖向来有奥斯卡风向标之说，没人怀疑凯特也将问鼎奥斯卡。一个记者仔细分析了她在金球奖颁奖礼上共计三分四秒的获奖感言——其中包含五个"我的上帝"、四次抽泣、三次抬肩、两次戏剧性的皱眉，以及十一声"谢谢"。你看看，再好的事情如此煮鹤焚琴，再往后想想，身前身后也都是灰烬和渣子，也就怪不得咱们左思右想还是被"别闹"给气崩溃了。

即使再无关的事情，也会被闲得无聊的路人刻薄吐槽。但，这又怎么样呢？世界如此小，而生命很长很长。有些人从来都被猪油蒙了心，觉得做不好的事情的感觉，就是又舒服，又不舒服。而那些不好的事情，会被一而再、再而三地做。他们宁愿放过很多变好的机会，拿自己以 loser（失败者）自嘲，但他们从未想过面对生活，迎面而上，上演一场脱胎换骨的变形记。就算变形变性，还能换血吗？他们的傲慢与偏见，是根植在血液里的。

对于这种善于将无稽之谈扩大到无法无天地步的人，也有解决的生活小妙招儿，毕竟人民群众才是最大的创新群体。你不是觉得未婚女性不能发生性行为吗？聪明的姑娘从不正面顶撞，她们可爱地阳奉阴违着。谁说处女膜是姑娘最好的嫁妆啊！明明淘宝卖三十八块五一颗的"初夜见红丸"才是！一次使用，一生轻松！

这些有生活智慧的姑娘才是真正的小清新，而小清新的人格其实是这样的：给我爱情的砒霜，当你人生的狗娘。对外则表现成明明打扮成国民大姨妈，偏偏假装是民国姨太太，看起来好怪啊，可是真实用。爱是蠢人的温床、慧者的炼狱。当然，收获与问题是最亲密的孪生子，共生于生活之旅，无论在宇宙的哪一颗星球，当然，也无论你是否可以选择。若是这个关节都想得通，则经此一役，必脱胎换骨。

无法面对的时候，不如背对

背对烦恼不是教你阿Q，你说千万句"为什么你不爱我"，不如一句"好汉饶命"来得实用。前者让你变成人质人渣，后者让你留得人形。

　　每次想到历年发生的尴尬与蠢事，我都崩溃到不能自已。但换个思路想一想，又觉得庆幸。你看看，幸亏已经发生了，知道以后这些错不能再犯、这些人不能再爱、这种事儿不能再发生，所以其实也未必是坏事儿。

　　很多人在你面前一不留神或者总不留神变成长舌讨厌鬼喋喋不休的时候，你听到的大概都是不感兴趣的话题，更倒霉一点儿的，则是自己不想回忆的那些——有可能是拿你刚工作不懂着装而穿成一个乡镇推销员然后走进外企面试还当众放屁的惨淡过去取笑，也有可能是一直用比你更优秀更被重视的同僚的精彩业绩跟你分享职场八卦，殊不知你当时的脸臭过下水道。遇到这种情况，怎么面对？

　　当然，还有另一种无法面对的场合。你跟某个彼此心动的高帅富约会的时候跑来一个白富美，然后"亲切"地问你："你这个贱婊子为什么跟我男朋友在一起？"接下来热情地打你一个响彻云霄的耳光，外加一碗热腾腾的疙瘩汤泼在头上，怎么办？这时候还无法狂奔，因为觉得谁先走谁就输了。遇到以上情况，送你一句话：无法面对的时候，不如背对。

　　有人在微博上问陶晶莹："你如何面对你的前男友？"

　　她答："我都背对。"

　　呵呵，精彩不精彩？我从不面对，我都背对。当你无法面对的时候，不如背对。这并不是那个好姐妹背靠背的鬼故事，它是日常生活中都会默默遇到的问题和痛苦。面对是需要勇气的，而背对的人，则更安全幸福。

　　你选哪个？

　　有人把 Adele 那首红遍全球的金曲 *Someone like You* 翻译成《另寻沧海》，同样是无法面对的痛苦，她爱上了一个人渣男人，因为伤情所以写歌疗伤。很多伤口都不堪面对，这时候，我们转过头，看看周遭的风景。前些天我的手机客户经理发来一条信息，我被她惊人的文艺给弄得有点儿片刻倾颓，短信如下：人的烦恼就十二个字——放不下，想不开，看不透，忘不了。愿你远离烦恼……是小精灵共鸣吗？因为当时我正在痛苦，她的这条短信让我醍醐灌顶。

彼时我遇到一件非常尴尬和不开心的事情，对方是我最亲密的好朋友——一对夫妻，我们因养猫结识进而熟识，他们幽默、品位高尚、慷慨，算是一对贤伉俪。有一天，我的猫因为猫瘟等原因连番出事，短时间内四只猫死了两只，我心如刀绞。他们看不过眼，把剩下两位"幸存者"接了过去。应该这样说，他们当时虽未明说，却分明是在谴责我不负责或未履行好职责。后来我回忆，当时真是悲伤过度，他们提出这个要求的时候我因为心存愧疚，以至于无法拒绝。怎么拒绝呢，人家既是好心，又是善意，虽说罔顾朋友的心情而把猫接走是不地道的事儿，但当时当下，面对占领道德制高点的他们，我无话可说。又过了不久，身处外地的我深夜收到信息，那对夫妻中的太太发消息给我，力陈两猫之幼得顽劣，堪称罄竹难书，表示若我不想办法接走就要送到流浪猫基地。

说实话，那段时间我很不开心，既恐慌，又气愤，还不解。恐慌于若我处理不好则失去这对朋友；气愤于你强硬地接走猫已属不妥，如今又要赶走它们，我身处外地如何解决？不解于对方的戏剧化——一开始轻松愉悦地打招呼，接下来苦口婆心地痛陈小猫的罪过，然后又义愤填膺地表示若我解决不了就把猫送到流浪猫基地。

令我意外的是，还有恋爱以外的人际问题让我痛苦——无法解决，迈而不去。我崩溃了，连续多日失眠。但这些都是独处时候的行为，我没有做给对方看。写微博、改 QQ 签名、在博客上大书特书，为什么？因为对于不关心你的人，你即使把自己凌迟了，也只会让人家对你的碎肉挑肥拣瘦。从某种意义上来说，偏执狂都是善良的、孩子气的、本能的，所以也都没啥坏心眼儿——前提是别缠到你身上，这是我的经验。当然，这件事儿的结局是我接走了猫，并向这对夫妻致歉并致谢。只是我为自己感到遗憾的是，至今我都无法对这件事儿释怀，但这也恰是生活。看因还是看果，这都是无法抹平的事儿。你大可以建议我从此躲开他们，开启全新的社交人生。但世界说大也小，面对困扰绕行又能走到哪里呢？不如主动面对。当主动权在你的时候，就算痛苦、崩溃，也是回家以后的事儿了。当然，这件事儿的体悟还包括你的朋友就是你自己。后来我清醒转身，并且遇到了全新的朋友，也以此为起点变成了全新的人。

　　背对烦恼不是教你阿 Q，你说千万句"为什么你不爱我"，不如一句"好汉饶命"来得实用。前者让你变成人质人渣，后者让你留得人形。你信谁？《暗恋桃花源》里，老男人金世杰对失散多年的爱人林青霞苦苦地问了一句："之凡，这么多年，你到底有没有想过我？"错失了几十年，发出寻人启事的金世杰要经过多少自我斗争才能面对找不到林青霞的恐慌？这是无法面对的事儿，总算，他找到了背对的方法。他对太太有了交代，遗产、遗书、遗愿，一一交代了。生活中虽有遗憾，也只有走一步算一步。唯独坚定，才能面对自己心里的那些恐惧和不安。

无法面对的事情多了，比如自己千挑万选要带去见家长的女朋友那天精心打扮成了一份"宿便盘肠"……年轻的时候，不带眼识人的我们，都会对朋友或爱人盲从，遇不到对的人，只因为我们自己也傻。初识刘惠芳，日久天长傻金刚——这是我写给青春的无目的情话。另外，缓解尴尬的小绝招儿我提供一个：一边看《唐顿庄园》，一边看《乡村爱情小夜曲》。好微妙的平衡感啊，可这才是人生的五味杂陈不是吗？

所以，在人生的牛奶被恶意打翻后如何面对对方这件事儿上，不管苦恼打滚儿傲娇扯头发还是撕豁自己的嘴来惩罚对方，我觉得都是白费力气。无法面对的时候，你就背对好了。要是依旧意难平，那谁打翻你的牛奶，你就抓住他后脑勺儿的头发，把他整翻在地，然后一路拖行到粪坑，把他的脸戳到屎里，一次一次撞击屎盆好了，祈求和做作的哭泣是没用的。

想太多小姐

这样的"想太多小姐"即使在恋爱时,也未必是一盏省油的灯。我发现在现在的时代大潮里,做一盏省油的灯是越来越不流行了。

　　知道地球上还有这类人是在我二十五岁以后的事儿了。我有一些朋友很聪明,有聪明人天生的那种多愁善感和内外纠结。因为聪明,所以心事重,天生带有"胎毒",再加上文艺作品的诱导让他们频繁放大自己的悲伤和痛苦,大多数的聪明才智和能量都用在跟自己打架这件事儿上了,老是想想想,很少做做做。哪怕是想想做做,也比两眼一摸黑儿一路冲向前的人少了很多有效时段。你看你现在年轻吧,没关系,等等就老了。

　　这样的朋友,不管男女,我都管他们叫作"想太多小姐"。对于女的"想太多小姐",大概是因为我是个坚定的女性拥护者,我很能体谅和宽容她们,确实有些聪明女孩子是没什么事业心的,她们只想谈谈恋爱,跟爱人吃喝玩乐一辈子。都什么年代了，这种事儿当然可以存在，就像萨特说的，存在必合理。不过，这样的"想太多小姐"即使在恋爱时，也未必是一盏省油的灯。我发现在现在的时代大潮里，做一盏省油的灯是越来越不流行了。好怪。但这些事情要是发生在男人的身上，如果是我兄弟，我只能拳打脚踢一番了。男人当然拥有悲伤的权利，但擦干泪不要问为什么，这多少年前身残志坚的郑智化就唱过，你没追过星啊你?!

　　有些姑娘是男人眼里的麻烦，她们担心全球变暖，吃素，读很多书，关心艺术和文学，看话剧和展览，经常被自己爱情的种种可能折磨得死去活来。但在大多数男人看来，她的崩溃、苦难、疼痛、成长和蜕变之裂痕，都是想太多——你想太多了啦。问题是，"想太多小姐"并不愿意被如此简单粗暴地归类，她们要的是 soul mate（灵魂伴侣），要的是电光石火秋凉后，还有一个男人默默递来暖炉温存下心头的小火苗以备后用。归根到底，意思就是我们要的是爱情，是爱情，是——爱——情！你瞅瞅，soul killer（灵魂杀手）就是这样诞生的。

　　真的是想太多吗？过来人和看不懂的人是这么规劝的：你就闹吧，早晚有你后悔的一天。我觉得长辈的智慧正经终身受用。"想太多小姐"很容易变成《被遗弃的松子的一生》或是《我怎样毁了我的一生》，但她们觉得到了黄河也不回头是多么诗意的事儿啊，这就是坚持啊、我执啊、念想啊，等等。一方面，我觉得"想太多小姐"有绝对的权利和自由控制自己的生活，明明可以体面大方端庄圆融，但，我就不，我就要跟整个世界保持一个斜角；另一方面，我希望她们获得平凡的日常生活。很多年前，张抗抗写了《作女》，我觉得她是某种社会现象的先知，因为三十多岁的女主角卓尔最后消失了，并没有事业有成，也并没有相夫教子，她就像微博上说的那种在丽江满街飘荡的身份不明的大龄女青年，被问到"我是谁"的时候，就会带着突如其来的仪式感的面部表情回答，我是作者、画家、摄影师、艺术家；被问及有何作品时则露出一股被羞辱的小龙女气场。问得多了，也就明白了，哦，原来是未来的作者、画家、摄影师、艺术家啊，难怪要到处找人帮她买瓶酒喝喝。

谁都知道有什么问题。关于这个问题，我的某个女性朋友是这么说的：因为我磨磨叽叽、没事儿找事儿、自我感觉良好，而且大龄，所以人家就洪湖水浪打"郎"，风月无边凉风有信嘛。她今年二十九岁，单身，空窗三年，其间常有约会，难维系。男的深夜给她打个电话，她就觉得孤独寂寞冷一扫而空；稍微不理不睬，就觉得天崩地裂万念俱灰，没准儿对方可能只是因为今天阿森纳队或者多特蒙德队输球，要么就是打DOTA（《魔兽争霸》游戏）的账号被盗了。

人的心真是个复杂的机器，因为复杂，所以容易出故障。不知道在哪儿就有了病，也有人药到病除，但还有一些人——比如"想太多小姐",一天到晚赖在北戴河疗养院里把住院当度假,无限度扩大痛苦并且以此为乐。说句老实话,很多时候,那种被迫害妄想症患者真的没必要觉得人人都针对你,工作想偷整你,旅行想绑架你,上街想强奸你。如果你不是肉包子,也不会有流浪狗想啃你。说白了,苍蝇不叮没缝的蛋呀。

礼貌性分手

漫漫人生路，糟心的事儿多了去了，连这点儿事儿都要左躲右闪，我觉得你也挺没出息的。我想知道的是，你要躲开的到底是分手时的尴尬，还是对方的暴打？

这两天听说了一个段子：有人可以代人分手。也就是说，分手的时候，你可以找人替你去跟对方 say bye-bye（说再见）。

且莫问礼貌性分手是否尊重彼此，关键是，分手是爱情生命中不可或缺的一部分，你只享受了爱情之生，而企图借由他人之手经历爱情的死亡，太胆小了。漫漫人生路，糟心的事儿多了去了，连这点儿事儿都要左躲右闪，我觉得你也挺没出息的。我想知道的是，你要躲开的到底是分手时的尴尬，还是对方的暴打？

不知道从什么时候开始，我变成了一个生活小 tip（忠告）爱好者，笃信生活中的一切问题都可以用技术解决。掌握了这样的技术，当别人还在亦步亦趋爬楼梯的时候，熟练工们已经坐上电梯"扶摇直上九万里"

了。技术性解决日常问题，这有助于我们保持少年心气，并且努力变得更体面，不沉沦也不迷惑。本着太阳底下无新事的原则，任何情场职场和生活大战场的问题，都可以技术性解决掉。至于那些解决不了的，我觉得，那绝不是我们自身的问题。

我有一个朋友，这个姑娘找姐们儿帮忙跟男友说再见，后来，姐们儿跟这位男友结婚了。她千帆过尽还单身，到现在找了个比自己小八岁的大三男生，放暑假跟那孩子一起回了湖南老家，父母一打量就知道这姑娘年纪绝对不小了，后来仔细盘问，哦天哪，差八岁。本来年龄差距也不是那么大的问题，关键是，她是男孩儿的老师。想想也知道前路渺茫，所以我的朋友就强迫自己的姐们儿去帮忙代分手，过程中种种纠结就别提了，但分了以后她又心有不甘，觉得那个男孩儿迅速答应是因为自己长得难看，早死早超生。

在二十五岁以后，男女之间的权利一早实现大逆转，以前是女霸天下，现在是狼多肉少。你看吧，二十五岁以上的单身体面（有时候仅仅是过得去）的男人面对蜂拥而来的大小女们简直要冷笑了——世界是你们的，也是我们的，但归根到底，还是我们的。

顺便说回来，我的这位朋友，品貌平凡，这次分手之后尤为致命的问题是，从小的自卑累积起来，让她现在变成了个整容鬼，不是那种稍微修整一下让自己变得更精神体面的做法哦，而是真心大刀阔斧磨刀霍霍，光韩国七日游的整容旅行就去了四五次，国内的微整形啥的，现在也快数不清了吧。总之她每个假期都消失，一心整容，无法节制。我从来不觉得整容是不好的事儿，做了让自己开心，而且不违法乱纪、不偷不抢，有什么不好呢？但我觉得她是吃了猪油蒙了心，加上其他朋友管她现在的感情叫作"母子恋"，所以，我已经开始疏远她。所以你看，代分手不是没有后遗症的。

　　面对分手求"代驾"，好处是避免了尴尬，让对方知道你誓死不复合的决心；另外一方面，也避免了两人谈崩了，其中一个人突然捅对方几刀。问题是，恋爱这码事儿，分手总在风雨中是常识啊，细雨初霁式的"再见吧朋友"我几乎没见过，真能这样也犯不着分手，所以我更加不相信分手以后还能做朋友的那种。可能因为我是天蝎座，所以恋爱这件事儿对我来说就是 only yes, or never（要么成，要么滚）。

　　生活中的无数问题就像超级玛丽，只要不到死掉、结束的那一刻，下一关的怪就更难搞。我的意思是，就算找人帮忙分手，你也躲得了初一，躲不过十五。"一个人需要隐藏多少秘密，才能巧妙地度过一生？"仓央嘉措活佛如是说。一个人需要注射多少心灵鸡血，才能在心灵鸡汤不给力的时候，让沮丧鬼颓废鬼消极失败臊眉耷眼的可怜虫一飞冲天、化茧成蝶呢？连分手这件原本需要披头散发捶胸顿足的事儿都要做得谦谦君子窈窕淑女，顿时让我觉得提出这个点子的人，是读书读坏了脑壳吧。怀揣这种想法的人，女的可能只需要被人深度恳劝几句或者买本素黑的《放下。爱》，男的则至少要被人狠狠扇几个耳光才行吧。世界上的问题，按照庄雅婷老师的分类，要么是智商问题，要么是人品问题。我觉得找人代分手的男的完全可按此归类，要么是蠢货，要么是缺德鬼。

他们是这样想的：如果爱你不是出于欲望而是节制，我猜我是真心爱你的。如果爱你不是我的习惯而是本能，我想我是真心爱你的。当然，如果爱你不是一分钟一两天，而是一个月一整年，我们之间的爱的指数一定破表。因为那样的话，你我之间，只有丧偶，没有分离！

Yes, you can do better！（没错儿，你会做得更好！）

做自己还是作践自己？

做自己还是作践自己，是个博弈话题。不过有一个办法可以试试，找一个同样有"爱情犯贱症"的人谈场恋爱，尝尝犯贱路上我和你的自驾游。

　　电视上的狗血剧集里，总有姑娘撕心裂肺痛彻心肺梨花带雨地问那可耻的负心汉："你你你，你从什么时候开始不爱我的？"男方的回答种类繁多，但大意基本上都能如此归纳：我从来就没爱过你，我跟你在一起不过是因为你爱我／你有钱／你爸有钱有权。作为问答而言，提问的人无论情感专注度抑或爱情持久度都远胜答者，也多少看得出女人的爱大抵比男人长久，以及，比男人纠结。

　　"你从什么时候开始不爱我的？"这是个奇贱无比的问句，因为，被逼红了眼的男人们没准儿会崩溃地说："我 TMD 从来都没爱过你！"如果真的遇上这么一位二百五，那这位提问的姑娘，你是崩溃呢还是崩溃呢还是崩溃呢……

　　我爱你你为什么不爱我，以及你爱我还是她？这些问题其实都是设问句，答案先于提问之前就浮出水面了。在爱情的国度中，因为爱你而寻求回应，因为渴望而害怕被放逐，因为寂寞和别的原因而抗拒独自一人，正如《恋爱的犀牛》中马路之于明明，明明之于从未露面的倾心男子。一个人爱另一个人，与他和她本身附加的道德礼仪关系不大，而是通通源自体内的费洛蒙。

　　爱他孤独，不爱寂寞。爱情与艺术、理想、生儿育女一样，都是打发一辈子时间的方式，所以许多人乐此不疲。有人用理想和事业来打发时间，有人用爱这件事儿打发时间。姑娘们爱的，也许根本就不是那个让她要死要活的男人，她们只是害怕孤独，害怕没事儿干没人干，以及，深深地、不可自拔地爱着那个为爱痴狂的自己。她喜欢这样的自己，无论吃多大苦受多大罪，都被自发地赋予了极具诗意的美感。

　　不是说每一个成功的奥特曼背后都有一个默默挨打的小怪兽吗？每一个爱情春风得意的男人背后都有个默默犯贱的姑娘……她当保姆、保镖、妈妈、哥们儿、医生、护士、厨师，还有陪睡的性爱娃娃，对男人予取予求并对此振振有词："我爱你，是一个人的事儿。"基本上听到这样的说法，旁人都恨不得一个箭步冲上去狠狠把她摇醒："你是从宋朝穿越来的吗？"

　　海德格尔说，无家可归是在世的基本方式。我知道很多受过良好教育拥有良好生活的姑娘在爱情前面缺乏安全感，也因此一不留神就成了斯德哥尔摩症候群患者，冰天雪地卧冰求鲤跪求虐心。在爱的世界里，食物链是永远存在的，总有一类人是另一类人的天敌。姑娘们童贞消失的时候还有疼痛感，而尊严全无的时候却毫不自知。

我的朋友大食怪说，她最近被一个双鱼男伤得遍体鳞伤。"我的工资比他低，可是我养了他半年，分手的时候他拿走了我的笔记本和手机。"事实上，我个人认为她非常享受犯贱的过程。她说，在温存的时候他最帅——所以就原谅了他的所有。

尽管讨厌自己犯贱的姑娘比比皆是，但这并不影响她们在以爱之名的大前提下一而再、再而三、三而无穷地犯贱。被劈腿的姑娘们有时候会义愤填膺地说，不要用你亲过别人的嘴亲我！可是，如果他的嘴亲的不只是别人的嘴，你更待怎样呢？难道只有苦练传说中的床第"独孤九剑"才是最后的法宝吗？那些听起来就毛骨悚然的推桌式风车式海星式虽然方便了男人，可自己呢？

有一个技术性的疑问曾经让不少姑娘拿捏不定，即在欢好时分究竟是睁着懵懂的美目还是干脆"闭上眼睛就是天黑"呢？睁开则容易让男人恼羞成怒大受挫败，你这么冷静请问我究竟有多没用？闭上倒是好办法，可是万一想占据上风的话，盲人摸象也实属不智……

做自己还是作践自己，是个博弈话题。不过有一个办法可以试试，找一个同样有"爱情犯贱症"的人谈场恋爱，尝尝犯贱路上我和你的自驾游。当自己的缺点在别人身上出现的时候，你没准儿会在梦醒时分打个哆嗦——没错儿，我是爱你的，但，那又怎么样呢？

胆结石还是舍利子？

每天都可以难过，给自己十分钟的限额，超过了就擦干眼泪洗干净脸蛋儿补好妆，没有谁会欣赏无限扩大自己悲伤的女人，就算是亲人朋友也不可能。

在人生中埋藏了无数暗礁的时代，大劫难逃，前路漫漫，五马分尸，你怎么办？爱谈着谈着就断了，茶泡着泡着就淡了，这是自然规律，就跟你吃多了不运动会发胖，不保养的脸自然会邋遢或垮掉一样，没什么大不了的。人生在世不称意的事儿多了，TVB（香港电视广播有限公司）的无数部电视剧都教我们："做人呢，最要紧的就是开心。饿不饿？我给你煮碗面先。"

我很怕遇到那种出事儿就披头散发大哭的姑娘，我向来认为，不爱我的我不爱，不爱我的可以死。失恋离婚这些事儿，发生了以后咛咛嘤嘤哭一会儿就好了。每天都可以难过，给自己十分钟的限额，超过了就擦干眼泪洗干净脸蛋儿补好妆，没有谁会欣赏无限扩大自己悲伤的女人，就算是亲人朋友也不可能。

　　遇到坏的爱情，往往不是当场见血的痛，经常发生的桥段会持续很久。如果对方是个不要脸的牛皮糖或者浪荡子，面对旧事要不要唱一次《昨日重现》？遇到旧爱怎么办？如果你不是刀出头落武艺高强的杨门女将，那就没必要再联络，因为你不知道在哪个瞬间，你会重新爱上他，或者爱上那段回忆。回头草都是有毒的，都是糖衣炮弹，你以为你能把糖衣剥下来吃掉、炮弹一脚踢回去的时候，通常你已经阵亡了。

　　有些坏爱情会因为拥有者的智慧、包容和坦然而变成珍珠，比如Adele 和她写的那首 Someone like You，痛苦真的是文艺生活的第一生产力。所以，就算亲爱的读者你不是一个文艺工作者，也不妨把那些回首难堪的前尘往事写成博客，当然，需要再设个浏览密码，不然悲伤扩大化也是一件蛮蠢的事儿。我的好朋友黑木耳女士，她人生格局最青春的几年都送给了一个艺术家。他是个怀揣电影梦想的帅哥，做了很久的编剧，毫无起色，需要我的好朋友黑木耳女士三不五时地接济他的生活，而且还是个爱心爆棚常常无法量力而行的流浪猫狗救助志愿者，最多时家里有三条狗、八只猫。黑木耳女士后来因为家里的跳蚤问题严重到不行终于跟艺术家分手了，艺术家哭着喊着说你就是嫌我没钱你就是爱慕虚荣。黑木耳女士看着自己胳膊上前几天被他酒醉后掐出的紫印子，忍不住破口大骂起来，像一个街头野泼妇一样用最难听的家乡方言发起疯来。她后来说，那次大骂艺术家，像是透支了她这大半生的粗暴份额，从此变得更加温文尔雅气质逼人起来。

法国作家马塞尔·普鲁斯特曾写道："在这个一切都会耗尽和消失的世界里，同美相比，有一样东西会倒塌、毁坏得更彻底，同时又留下更少的痕迹，那就是悲伤。"遇到不堪的回忆，无非就是笑或者笑话自己。很多旧爱找上门的时候，他们虽然态度亲切热情，还较之从前更多了几分追女孩的技巧，但亲爱的你只要用心琢磨一下，就能发现他们蜜里调油的声音根本掩饰不住剑拔弩张的态度。他们不过是觉得之前跟你分手有点儿亏，现在找的丫头一个比一个上不了台面，不懂事儿，爱叽叽歪歪，财迷心窍，品位差，跟谁都发骚。所以在历经花丛之后，他们用不同的身体，换回相同的孤独，半夜酒醉大吐干哕的电光石火之间，想到的还是你。之所以回来找你，是因为笃定只要勾勾手指你就能飞扑过去跟他破镜重圆。

可当初为什么分手呢？在爱情从燃烧走向灰烬的航程中，我们已经把感情"很好"变成"还好"，还有别的办法吗？所有的七宗罪，都源自不爱了。是的，你我无错，我们只是不爱了。我在一个朋友的 QQ 签名上看到"你是我的胆结石，还是我的舍利子？"就算是胆结石，遇到了你命定的那个人，他也会把它当作奇珍异宝来收藏，两人一起开个古董杂货店，也是最好的时光。请允许我把爱变成舍利子，而回忆是胆结石。

很多时候，我们遇到的、发生的爱都是不正确的，但那样的经历，会让你变成全新的人，勇敢、坚强，经过磨砺闪闪发光。

另外给个忠告，不要问你的前男友为什么跟你恋爱的时候不叫你宝贝儿乖乖小甜心，顶多叫你老婆，因为如果你再跟往事往日纠缠不清的话，还有一个名字适合你——"傻婆子"。这个你喜欢吗？那样的话，你们共同拥有的回忆，对你来说不管是胆结石还是舍利子，对他来说可能都是一坨成年累月排不出的宿便而已。

警惕"圣人"，祥瑞御免

遭遇过这样的狗屎朋友以后，没被气到嘴眼歪斜，还能身心完整地看我这篇文章的你该非常庆幸自己是枯木逢春美不胜收我还是我，因为一切还来得及。与这样的人做朋友，不做也罢。

　　做人难，难做人，人难做。就像《橘子红了》里的黄磊、周迅和归亚蕾，谁是谁的优乐美呢？初入社会的时候，都要带眼识人，万一行差踏错，或许就会误交匪类与伪君子。我猜想，每个初入社会的新鲜人，都会遇到种种不平事。世间万象，人分九等。好人和坏人中间，有一种人也让人无福消受，比如微博上某些看见人受苦就掉泪、看见猫狗受罪就崩溃的人，他们并不是坏人，只是莫名拥有一种巨大的戏剧化角色感，在饭馆就要挑剔人家的菜色，在游泳池就要批评别人的泳姿，如果去逛街买衣服更不得了，作为"时尚批评家"的他们可以独立完成脱口秀——长达六小时。他们是肉身组成的"大家来找碴儿"，从小吃刻薄的粮食长大以至于长大后稍一走动就四下散发着浓烈的尖酸味儿。他们就像武侠小说里讲的那样行侠仗义，对于肉眼可及的一切事物都要"行侠仗义"，他们是真人版的"大家来找碴儿"。当时当下来看，只觉得他们心眼儿好武艺高有冲劲儿太完美，可是不知道为什么，但凡是回头看看他们做的事儿，总觉得心里不是滋味儿。是的，他们满足了心里那个"圣人"的自我构造，说得多了，连自己也相信了。

你以为只有热爱文体明星才是偶像崇拜？其实说实话，在人群中，偶像崇拜是动物本能，总喜欢给自己人造个 leader（领导者），姐们儿吃饭必定有个姑娘拍板吃馄饨还是双拼饭，哥儿几个看球也必定有人安排组局——酒吧还是我家？我家吧，我老婆今天不在家。所以你看，头羊都是拱出来的。

你可以说这是天生的领袖气质，但换个角度看，那些以理想道德之名教唆你去挨打受罪的，大多数是自己躲在后面当宣传委员的。我并不是人性悲观论者，但显然，这个世界总比预想的更复杂。从我阅读《二十四史》的时候，我就发现了，那些道貌岸然的，才是一肚子脏心眼儿呢。随机奉送一个生活小窍门儿，如果你与一对夫妻或者情侣中的一个交好一个交恶，建议你趁早离这对是非鸳鸯远一点儿，一个被窝儿里钻不出两样人。

在生活中遇到这种人切记要绕道远行，哪里敢打招呼打交道呢？！到时候好事儿都是他们做的，别人浑身是漏洞，他们是意见先锋，别人是脑残傻帽儿。你说他们是坏人吧，好像人家还占据了道德的最高点，可你要说他们是好人吧，到底意难平。

我有个朋友说过，你的业就是你的习惯。那些有道德仰望症的人会被信任的大哥大姐和小团体头目坑害，其实也怨不得别人。你老是说自己踩到屎，问题是，常在粪坑走，哪有不脏鞋的？所以要消业。真心劝你一句，要改变习惯。遭遇过这样的狗屎朋友以后，没被气到嘴眼歪斜，还能身心完整地看我这篇文章的你该非常庆幸自己是枯木逢春美不胜收我还是我，因为一切还来得及。与这样的人做朋友，不做也罢。人与人的缘分如河流，总有潮起潮落时，既然心里有痛有恨有苦衷，按捺住粉饰太平也毫无意义，不如相忘于江湖。

除了道德领袖，还有些清誉爱好者，比如有些声称自己爱读书看电影的宅男宅女却每周出去浪荡五六天的，他们的良心就是大大地坏了！很多时候，在我们看到的世界里，男人一辈子是为了自己，女人则是为了男人。他们撒谎的目的很明确，但你识破对方真面目以后怎么办？有些人勇敢，有些人懦弱，但越是胆大无畏敢于得罪任何人的人，就越是怕得罪自己的朋友。因为朋友对他们来说，太稀有了，堪比熊猫和白鳘豚。道德爱好者和清誉爱好者们耳聪目明，苍蝇不叮无缝的蛋。要长心，要耳聪，要目明。年纪渐长，人心中会长出洞，慢慢会变成深井，将所有的负面能量慢慢聚集，让自己变成不快乐的人。你打破了这个井，就可以进入另一片天空了。须知，广阔天地，大有作为。

不计较，就摔跤

在人生长河中，仅就赚钱这一件事儿而言，不占便宜的人往往成了被占到便宜的人，所有事态都具有径自蔓延的天性，完全不存在自我约束的能力。

　　我有一个朋友，上大学的时候并不是伶俐的人，高中、初中、小学的时候也不是，所以理所当然地，她工作了以后也是个脑子一根筋行动力不太强策划力一般般心眼儿实在嘴巴木讷的姑娘。这样的姑娘很多，多到你数呀数呀也数不清。你知道，总有些姑娘从小学习认真用功刻苦绝不早恋，人生除了学习学习再无其他，可能是从小父母教育以打扮为耻以不苟言笑为荣，后来，就成了难相处、一根筋的傻姑娘。

　　上班的时候，到底是当个实干家，还是学会出门之前爹娘耳提面命的那句"傻孩子，凡事儿多个心眼儿"，这真得两说。职场从来都是要计较得失的，因为不计较的付出是无意义的，况且，幸福感也不高。你以为不占便宜的人生就是好的人生？太可笑了。

　　我有一个靠谱儿的姐们儿，工作的时候经常觉得人生无望，时刻需要为人际关系钩心斗角——不知道从哪里得来的灵感，她认为机场书店里层出不穷的成功学秘籍会帮到自己，所以又一度成了《厚黑学》《老狐狸经》《孙子兵法》的忠实拥趸，但，总会有一股子挥之不去的"机场书之味"，就也挺讨厌的。

　　是的，大家年轻的时候都难免当过别人嘴里的"傻×""二×""神经病"，但显然往事已矣，数风流人物还看今朝。又想不做傻瓜蛋，又想不做鸡贼犯，其实想想并不难。我一直觉得，在职场生存中，认真做好本分、人情世故通达、不做坏人、别干坏事儿，总是能生存的，而且，会生存得不坏。这绝对不是让大家只做只会苦干的开荒牛，但也不要矫枉过正，到哪儿都树起关系马达四处拜码头拉帮结伙，要知道，在动物界里，只有食物链的底层才靠群居生存呀，谁见过上百只凑在一起抱团取暖的狮子老虎？

　　想想看，职场中的人际关系其实与任何形式的人际关系都无区别，有人一见面就对上眼儿，哪怕他／她笨蠢傻不守时缺点无数，你就是喜欢跟他／她合作，对接工作流程看似松散实则简洁有效，饭点儿到了首先想到的是约他／她吃个脏排档和新饭馆，根本不想在社交表情装×假笑中度过觥筹交错的一整晚。但你非要跟看不顺眼的人一较短长，也最终只能落到自贱身份，变成对方那样的傻×，还要被对方在傻×领域横行多年的经验轻松打败。亏不亏？

事实上，在人生长河中，仅就赚钱这一件事儿而言，不占便宜的人往往成了被占到便宜的人，所有事态都具有径自蔓延的天性，完全不存在自我约束的能力。所谓不计较，不是让你当蠢货傻×。事实上，看过《金枝欲孽》和《潜伏》之后，谁比谁傻多少啊。民智大开的时代，那种通身上下闪着"机场成功学"馊味儿的人，真能横行职场吗？只怕第一个回合就被斩落马下了吧。想想看，为了不跟粪坑的人一起吃屎而把自己变成屎，是多不值得的事情呀？万一真成那样，欸，你俩真乃天然雕饰一对傻瓜。

在成为职场美少女战士的路上，有些人成了美少女壮士，有些人则变成了美少女烈士。谁都不是天生满分的高情商天后，但越是资深就越要小心谨慎，你以为今天叽歪几句明天就能变成如妃？做梦吧。在任何行业里做到最后的都能被精确总结成具有"专业精神"的人，至于那些人事关系的小涟漪，日后看来，简直是个屁，非要憋着不放让自己难受拉稀的，那也算自找吧？！所以，成功人士时刻都觉得要扇自己耳光，又要狠狠地用头撞树用胸开山狠狠练绝技才能打遍江湖。甭管是倚天剑还是杀鸡刀，关键的时候，顶用就行。

把习惯干掉

对这个时代来说，没有什么经验是值得永久沿用的。而我觉得，习惯如果不是用来被推翻的话，大可不必养成习惯。

我认识一个姑娘，天蝎女，暴脾气，报复心强，心思颇为敏感，所以很是纠结，都知道能力不错，但难以合作，因为那些没她聪明没她努力的人好像更得老板的欢心。她既不满又不服，最后跟周遭环境闹崩了，只能暂时失业在家。但她最近事业不错，而且越来越好。换了新环境后，她开始洗心革面，用亲切微笑和"忍忍忍忍忍"这五字真诀一扫往日办公室"扫帚星"的恶名，所以现在风评很好，不仅业务过硬，最重要的是，她开始明白，在工作中，越是人前伏低做小，越是人后扬眉吐气。

想想当初的各种冲动，她不后悔，只是有点儿遗憾，因为这意味着她浪费了自己的很多能量，也错失了不少机会。在职场上，青春和机会都是有限的，而连续错过机会的人，就算自命不凡，最终也是个落败下风的 loser。她开始学着控制脾气，跟同事争执的时候实在要是脑子一时间犯二，回头也会赶快跟老板发认错短信、给同事发道歉邮件，场面功夫随时做到一丝不苟。她已经明白，刚工作的时候争强好胜是没必要的，这时候应苦练内功。说实话，现在都是独生子女，就算谦和，也确实缺乏群体生活的经验，再聪明的人也难得天生就会。面对工作上遇到的各种烦心事儿和讨厌鬼，能把自己的直肠子习惯性猛喷改成阶段性井喷，或者百尺竿头直接变成万年休眠火山，那真是一身好本事。就算能力再强，大多数职场依然讲究论资排辈，这个跟国企外企私企啥的无关，也千万别以为自己是创意行业就能独辟蹊径，根本不是那回事儿。要真是像在家跟父母爷奶撒娇一样跟上司同事 face to face（面对面），那怎么死的都不知道了。

而对于另一种人来说，当惯了老古董会计和报价师，偶尔做个 playboy（花花公子）也不是啥坏事儿吧，毕竟任何形象太久了，都难免变成天空里孤独的星。虽说这才是人生的常态，但仔细想想，偶尔跟宇宙飞船和黑洞啥的聊聊天，也没坏处，这至少能让人自我警醒——我不要变成烂泥或者讨厌鬼，我也不要过早地透支爱情和欲望。要知道，连果壳网都明确地告诉你，男人的精液和女人的性酮都是有限的，现在用多了，以后……就没有以后啦。

　　不管是好习惯还是坏习惯，只要时间一长，都会变成坏习惯。那些个成功人士，面对自己的人生，都是在笃定与否定间仔细转换的。他们笃定自己的信念，否定自己的成绩，以便重新再来。败不馁，胜不骄，谈何容易？谁都有在各种场合一不留神就摆出自己过往的辉煌的经历，但是要有节制，winner（成功者）都是这样的：非不能，是不愿也。就算再成功，面对这个瞬息而变的世界，若不小心谨慎，也总有翻车的那天。世间众生，莫不各自掣肘，摸着石头过河。

　　木心写过，生活的最佳状态是冷冷清清的风风火火。对这个时代来说，没有什么经验是值得永久沿用的。而我觉得，习惯如果不是用来被推翻的话，大可不必养成习惯。还有，把回忆干掉！那些回忆当然是美好的，可是就像上一轮的时尚，尽管做工精致用料足，可再把它们穿戴出去，终究不合时宜，不如干掉，或者埋藏，兴许下个潮流轮回的时候，还能让它们变成 vintage（古着）起死回生大放异彩呢。我的意思是，到了那个时候，旧梦重圆或者老马回头猛吃旧草未必不是好事，要翻过旧物旧事旧爱旧恨这些座山，才能看到新风景。我肯定不是教你整日乐呵呵地当个傻姑，但也确实犯不着成日愁眉苦脸的。有些人能力不错，但取得成绩后恃宠而骄，做事情的时候以个性排斥共性，时间稍长自然众怒昭昭。遇到这种情况，真的只能双手捂嘴，瞳孔缩小，大声尖叫"好汉饶命"，要说规避和解决，也就只是"随机应变"四字而已。

056 | Don't Talk Nonsense

另外，我要奉劝那些曾经因为受到不公平待遇而习惯性使用职场"宫心计"的朋友，说实话，大多数时候，职场都是形势比人强——爱情也是，人生也是。有些人老是下错棋，跟自己的恋爱对象聊天，跟工作对象倾诉，跟隔壁刘哥讨论人生理想抱负，这些都是反常态的，偶尔为之，没准儿对方以为你是性情中人，要么原谅你平时的二傻缺，觉得哎呀其实谁都不容易，要么从此以后跟你心有灵犀。但这种事情万万不能养成习惯，为什么呢？因为做得多了，大家都觉得你是个不靠谱儿不知分寸不知进退的二百五，大家都是来赚钱的，动不动谈感情多伤人啊。

回头看来，那些按照习惯生活的人，能够取得成功需要大毅力，而大多数没有大毅力的我等普通民众，也就是需要常变常新，给自己一点点变幻莫测的小妙招儿来应付人间家务。当然，带眼识人和长脑做事儿要从细节做起，想想看，连日常生活这点儿人情世故都不懂的人，你还指望他们了解市场心理学？那就太搞笑了吧。要不说我觉得花几十万上老板 MBA 课的二奶和小三们，其实大可以把这个钱省下来，有那个工夫，仔细看看《金枝欲孽》和《后宫·甄嬛传》也就够使了吧。

刷爆信用的信用卡

我以前一直觉得，信用卡刷爆的人是没法儿在江湖上立足的，后来我知道了，我把江湖看小了。在这个世界上，很多人是即使心眼儿脏信用坏人品烂也能坚定地活下来的，怎么办？

　　人的信用度是信用卡，所以这篇文章标题如此并不是因为我忽然口吃。我的前女上司曾经因为一件屁大的事儿说过一句有道理的话："胖社社，我跟你说，人的信用建立起来难，可想要摧毁它，也就是一瞬间的事儿。"

　　人生就是如此。

　　在 CBD（中央商务区）里摸爬滚打，严苛一点儿说，可以失身，不能失信。我虽然讨厌那位女上司，但我依然觉得这句话她说得很有道理。

　　王尔德也说过，艺术并不模仿人生，人生才模仿艺术。信用是一张通行证，有些人是无证驾驶的，但总有遇到交警的那天。我以前一直觉得，信用卡刷爆的人是没法儿在江湖上立足的，后来我知道了，我把江湖看小了。在这个世界上，很多人是即使心眼儿脏信用坏人品烂也能坚定地活下来的，怎么办？你不能把这些人一个个都用机关枪扫死，也不能脱离他们而生活在一个真空的君子国里，唯一的办法是和光同尘、和而不同。

我也一直相信，信用度坏掉的人总不如信用好的人过得长久。如果你对自己的人生还有野心和期望，希望走到更高的地方看风景，好信用就是你的梯子。很多信用爆表的人，常常拆了东墙补西墙，不管时间精力还是资源，难免捉襟见肘。职场新丁身上常常出现这种情况，有时候未必是故意的：一开始只是想每件事儿都超水平完成，但因为自己的信心爆棚和对世界的丰富程度的错估，以至于后来顾头不顾尾，终于落得个被人称作"不靠谱儿的谁谁谁"的下场。这大概是新人职场信用破产的常见形式，但也不妨碍你再办几张"卡"，以及想办法把之前透支的信用都慢慢还上。只要有心，就一定能把烂账抹掉，凡是坏掉的信用卡，总是要修好的，但千万别心存侥幸，真要追求起来，成本会高过当初好多。

在工作上，每一个向上的工作机会都只能摸着石头过河，就算能获得前人和自己的经验，当时当下的事儿，也都是从未有过的。梅丽尔·斯特里普演的《铁娘子》里，刚刚当上首相的撒切尔夫人，也要面对民众的奚落和羞辱："Maggie, Maggie, Maggie, out, out, out！（玛姬，玛姬，玛姬，下台，下台，下台！）"能不尴尬吗？这时候就要守住自己心中的清净灵台，一门心思干好本分、恪守本分。那些厉害的人事物，莫不如此。在你成为职场的猎手之前，安心地去种地耕田绣花和织布好了，基本功硬了，功夫练好了，心智强大了，才能面对江河之势迎难而上，就算举步维艰，也确实在往前走。

你也当然可以学亲爱的韦小宝那样随时撒谎，问题是，韦小宝撒谎不眨眼，人家被拆穿了也不眨眼啊。你以为被当众戳破肥皂泡，泡沫溅到脸上的时候不会让你一眯眼让你后悔啊？能做到的，都是人才。当然，能做到的人第一不会主动告诉你，第二也不会看我这篇文章了。一句话箴言：第一做好本分，第二恪守本分。这大概是鸢飞唳天扶摇直上九万里的内功秘籍吧。在自己强大之前，千万不要随便撒谎，因为强大者能将谎言拆穿的经过一力抗住，而虚弱者则会被这弄巧成拙的事儿炸得焦头烂额。各位共勉吧。

讨厌的励志姐

胜不骄败不馁，古人诚不欺我。励志姐们在奋力前行的路上，总有出人头地的好时候。天增岁月人增寿啊，日子有功，等到那时候她们回忆过往种种，大概也会悄悄滴几滴冷汗吧——当初真是恶形恶状啊。

　　咱们都知道，上班的时候要努力表现，要当个讨人喜欢的人，要跟老板同事搞好关系，要做个不可或缺的角色。但既要表现出色，又要人缘颇佳，职场运还要过人，这显然是个不可能完成的任务啊，总有百密一疏的时候。尤其是对职场新丁来说，如何在芸芸众花生米中当一颗饱满圆润又香喷喷的花生米，真是难上加难。有时候，难免会一时间 hold（把持、控制）不住年轻气盛，变成了个职场"老革命"们眼中讨厌的励志姐。

　　励志姐是什么样的呢？就是听到各级老板指令都点头如捣蒜，见谁都叫哥和姐，对工作的意见甭管好的坏的成熟的脑残的都坚持得跟二五八万似的，完全意识不到退一步海阔天空的妙处，弄得前辈同人面子上挂不住，就算口头上说"哎呀，新人都这样，我们理解的理解的，都是这样过来的"，心里也难免暗自盘算"嗯，这个傻×，以后老子弄死你"。这是二百五型的励志姐。

还有一种励志姐也很招人烦，这就是公主驾到型。这种励志姐不管吃穿用行，都要表现得过人很多等，过人一等是完全不够的。省吃俭用买了爱马仕的铁指环，立刻说这是限量款，全世界只有十二个，自己的香奈儿耳环也是巴黎连卡佛的新货，连香港都没有呢——欺负人家没用过淘宝全球购吗？

被人讨厌的原因是公主驾到型励志姐们通常喜欢扯谎。我发现在这种时候，如果追问的人较真儿，那在谎言被拆穿之前，无论多牵强附会的理由都能派上用场。问为什么不来参加同事的婚礼，答因为要跟表哥一起回巴黎参加一个 party（派对）。啧啧啧，回巴黎？北京动物园广州上下九杭州四季春遇到的，难道不是你吗？问不参加同事婚礼为什么连份子都不托人带去随一下，答因为怕自己结婚的时候档次太高同事还人情随份子的压力太大呢，而且要去马尔代夫度假抽不出时间，不信你看照片。对不起，我们都认识大理双廊的那家海地生活酒店的格局，因为曾经组团去过啊，妹妹。

看看，要命不要命？

还有一种励志姐，虽然不讨人喜欢，但也并不讨人厌。她们通常出身平凡，人生目的性超强，并且绝不放过每一个可能的机会。人生本就迎来送往，但励志姐们特别厉害的是总能搭上疾驰而过的高速列车，更高、更快、更强。你肯定遇到过这样的姑娘，对人热情、工作热情、交男朋友热情，总之就两个字：热，情。

这么热情似火、喷着"我是我"的造型、她 feel good（自我感觉良好）你 feel fucked（感到痛苦万分）的姑娘，就是没法儿做朋友，人家还是道德楷模呢，勤奋、努力、认真地经营自己的生活。可就是这股子钻研劲儿，要是远离职场环境，在别的场合下，她们会是可爱又好玩的人，但在同一个工作场所，只觉得跟她价值观不同。

相形之下，内向大姐和狂放傻姑更符合我的交友观。我也怕被她当作"资源"，虽然我知道，在这个时代，毫不妥协的人是没有的。但在一切让自己悔不当初的事情发生之前，我还是希望做自己，保留最初的梦想和少年时期身上那股子要把自己的能量燃烧殆尽的热火狂焱。

并不是所有的励志姐都是这个套路，但八九不离十。我从来不觉得出身普通是一件不好的、耻辱的、难以出口的事儿。当然你也犯不上告诉全世界，毕竟都是成年人了，职场人应该彼此保有私人空间。但加以掩饰什么的，还真的挺丢份儿的。若出身贫寒或普通，甚至是小康，可你以后越来越出息，大大超越你的出身，这就说明你有本事，出身反而成了"勋章"，谁能战胜命运都是一个顶了不起的"功勋"。退一万步说，就算没法儿更进一步，也就当个普通人，那也没什么。我那当了一辈子普通工人连个小组长都没当过的爸爸说："儿子我告诉你，爸爸是这个世界的主流，世界上大多数人都是爸爸这样的。"虽然我听了以后在翻白眼儿，并且觉得他跟我说这话的时候真的很古怪，但我也不得不承认，他说的确实是事实啊。

我真没有攻击富二代的意思啊。我认识很多富二代，何止是闻弦音知雅意啊！我认识一个妹妹，悉尼大学双硕士的海归，家境殷实，干活儿卖力，不仅工作上勤奋体面，还会主动开宝马大奔接出差的同事回家呢，待人待事都妥帖得很。要不我有个做 HR（人力资源）的朋友说："我跟你说，中层以上的职位我只招富二代，真不是狗眼看人低。富二代不贪不怪，待人单纯又热情大方，而且不斤斤计较，多好啊。"这样一说，好像也有道理哈。

胜不骄败不馁，古人诚不欺我。励志姐们在奋力前行的路上，总有出人头地的好时候。天增岁月人增寿啊，日子有功，等到那时候她们回忆过往种种，大概也会悄悄滴几滴冷汗吧——当初真是恶形恶状啊。毛主席曾经赋诗一首：洒向人间都是怨，一枕黄粱再现。每个体面人的过往都是一个恶形恶状的励志姐，男女都是。姑娘们身上冒出励志姐已经够让人头疼的了，要是哥们儿你身上也按捺不住地让"励志姐"在人前野欲横流，那就更让人糟心了。也因此，太过居安思危以至于动辄闻弦声知雅意，难免会出错。这时候，总有别的讨厌鬼抽冷子过来放一枪，请你好自为之。我跟你说，某些时刻，好自为之真是世界上最难听的脏话。

　　职场上的学问，从来都是在学校里被刻意遗忘的大课程。认真做事，夹着尾巴做人是最保险的做法。搏出位就更要如此，谁知道什么时候犯二就得罪了不该得罪的人呢？还有那些想要装出个气场壮胆的，一定要慎重，这就像说笑话一样，若不是功力已臻化境，千万不要随意施展，真被较真儿的人盯上想整你，那可简直是一辈子的职业污点，洗也洗不掉。要知道，不管什么行业，仔细想想，也就那几个人、那几块儿地，你能跑到哪儿去呢？又不是 E.T.（外星人），还能回外星老家。

乡镇名媛进化史

她们手中的一针一线都是自己挣的，并非故意标榜人格独立，只求做人心安。要知道，别人能轻易给你，也能轻易拿走。得而复失的滋味，是世界上最难忍的痛，简直无药可医。

　　尽管在人生的征程中，我们有可能幻化成各种角色，但无论怎么转换，超越自身的生存环境和背景都是生活中特别吃力和辛苦的一件事儿。这种情况出现的时候，有时候是上进，有时候则是钻营，尺度其实是不好掌控的。我们肯定遇到过或至少道听途说过这种情况，但在努力破茧成蝶以及跟自己的宿命做斗争这条路上，怎么做一个体面人可真是个大问题。你想啊，升职的机会只有那几个，加薪的时候你加三百他加三千，还有房、车补助，这一单项目虽说是自己先接洽的，可是隔壁办公格的米歇尔瑞塔贾斯汀总是摩拳擦掌要把你这口热乎肉抢走，怎么办？到底是争，还是不争？

　　争的话，容易恶形恶状。亦舒师太说了，做人嘛，总是要姿态好看。

这个现在已经是从北上广到城乡结合部人所共知的人生 slogan（标语）。问题是，真要是不争，永远没法儿升职，涨工资的速度还不如蜗牛上树。出门要接项目，作为新人，不争那是不太可能有人主动给你的，就算你是天才，也得迈出第一步。"天"字拆开是个"人"加"二"，这一点是否也意味着做人要二才能顶天立地，真不得而知。所以按照亦舒书里生活的老几位们，要么情场永远不顺，要么是职场永远的 loser。我肯定在她老人家浩瀚的书迷里，那些成功者肯定是看书的时候嘤嘤切切，而把书放下的瞬间，脑子里电光石火间飞过一句人间箴言——认真你就输了！

在这条夺命独木桥上走得久了，总有些人落马，也有些人杀出重围。杀出重围的姑娘，有些当了名流，有些当了名媛。一字之差，天堑地壑的差距。女名流们绝不以自己出身于二、三线城市或者乡村为耻，不仅如此，这些还成为了她们传奇的一部分。看看看，她们如此这般战胜了自己的命运，当上了个了不起的名女人，也许背后都有跟男人的各种故事，但主动权在自己——在女皇和皇后的选择上，她们选择了不那么舒服但更加光辉的那一项，剩下的姑娘则选择性地成为了名媛。

做名媛同样不容易。要让自己美，要有学识，谈吐优雅，行为检点，对于物质只选贵的不选对的，并且要琴棋书画十八般武艺样样皆能——别以为人家就一定是花瓶，操一口流利法文，对古玩字画鉴定神准，并且下厨能烧一手中西好菜，既会做重庆火锅广东靓汤，又会烤斯拉夫蛋糕煮西班牙海鲜烩饭。这些都要建立在苦学勤练的基础上，谁都不容易。

挣扎得久了，乡镇和城乡结合部出身的名媛们也会哭会累会疲惫，在她们88年生人的苍颜底下，长了颗68年青女易碎的心，以及因为与58年左右出生的男人生活而沾染的挥之不去的老人习气。真是受不了。她们的奋斗目标非常明确，要么是太后娘娘，要么是皇后娘娘。前者是指望"垂帘听政"，后者是一水儿的金枝欲孽淫乱宫闱。她们的成功学读物是《后宫·甄嬛传》和TVB宫斗电视剧，每个人都觉得自己是钮钴禄·甄嬛，是瓜尔佳·如妃，貌美嘴毒心善还有男人苦苦地、痴痴地爱着，一抬头一跺脚就有个太监宫女在旁边点头如捣蒜地说着"遵命小主"和"奴婢该死"。她们乐此不疲至死不渝，谁都爱又谁都不爱，最后让如风的往事在回忆的星空中四处飘散而去了就。

乡镇名媛们是很难讨好的，男伴无论送钻石项链支票，还是一套房子，她们都是微微笑笑，是矜持也是欲壑难平。不管男人想给的是小惊喜，还是大深情，乡镇出身的名媛们都不会欣然接受的，她们要得更多，心中像长了一条贪吃蛇，食无可食的时候，就只好把自己吞掉啦。你说她会孤独寂寞冷吗？才不会呢！名女人身边自有一群闻风而动的朋友，她们彼此"械斗"，见不得又离不开地组成一个难以解脱的梅比斯环，从源头到尾声，两相呼应。只要有钱，爱出风头，三五七个party之后，她们就完成了从暴发户的傻妞到城中名女人的涅槃，何止脱胎换骨？这时候，有心计的名媛就开始转型做女名流了。难遇常情爱人，难有再少之颜，说实在话，要想不变成深宫老嬷，唯一的办法就是打碎名媛的偶像包袱，从云端跳到菜市场。

如何判断一个虽出身平平但衣着鲜丽的时髦女性内里属性是 king（国王）还是 queen（女王）呢？且往下看——

那些把去巴黎叫作回巴黎、昔日买美特斯·邦威畏首畏尾今日买香奈儿套装不眨眼、如果男伴开奔驰而不是梅赛德斯就会立刻杏眼圆睁娇嗔红颜怒的姑娘，过年的时候一般都不在北上广，而是煞费苦心地在铁路订票网上拼命刷票，以及求爷爷告奶奶找黄牛谋得返乡的一席之地。为什么不坐飞机？Sorry，家乡没有机场。这时候想想，名媛之所以为名媛，不就是图着每年回家的时候有衣锦还乡的心灵饱腹感吗？

前一段时间的巴黎时装周上，我国多位二线女明星以把得体大牌穿成奇装异服的默契，携起手肩并肩上演了一出五朵金花闹"法场"的红尘情景剧，其实挺好玩的。仔细回顾一下那些姑娘的出身，也不过是三线以下城市，在艺校苦读多年，终于遇到良人，给了机会想要一飞冲天，哪有什么出路可寻？硬生生杀出血路而已。有人跟杂志主编两人挤在一个座位上，然后发微博以示自己坐第一排看时装秀，也有人在红毯结束以后悄悄站在上面找自己的摄影师拍照，然后发通稿说"×××红毯艳压群芳"，明眼人看了只觉得想笑，以及心酸。但不要把问题都归咎在她们身上，因为在"名媛养成"的造神路上，凡走过看过者都有可能增砖添瓦。城乡结合部名媛的"军功章"上，有她／他的一半，也有你我的一半哟。

　　抛开已成气候的名媛，我们身边偶尔还会出现这样的未来名媛，热烈跟你分享她的私密情史，当然只说那些得意的事儿，人生得意须尽欢嘛。当你不小心表露出这些她要跟你单独 share（分享）的体己话已经是人尽皆知以至于最不八卦的自己也不小心听到若干的时候，她会假装嗔怒地说："你们这些人到底谁八给你们听的呀？"她们常常如此这般故作娇羞，然后忙不迭地告诉群众她们是如何从青春少女进化到名媛的。至于曾经的城乡结合部土妞历程，她们不会说，别人也不会知道。

　　其实，这个世界上从来都是英雄不问出处，真要问的话，CBD 里翘首昂然的艾丽西亚·索菲和莉莉·玛莲，背后都住了个张大凤李静陈红，哦，还有刘招娣呢。到最后，也就是莫问前尘旧事，只看美好前程。往上爬没啥不好，人生就是个活体面的过程，切记给自己留够尊严，也给别人留条后路。不为别的，你不想在人生的某个阶段看着曾经被自己伤害过、现在成熟壮大的人玩《杀死比尔》的复仇游戏吧？！更惨的是，一群无名英雄群刷你这个比尔。但女名流似乎没这个困扰，无论她出身贫困山区，还是小县城的父母下岗家庭，抑或是留守儿童出身，这样的背景会让她们在职业奋斗中更加不屈不挠，她们不会想要当那柔弱蜿蜒的紫藤，而是奔着凌霄花去的。她们手中的一针一线都是自己挣的，并非故意标榜人格独立，只求做人心安。要知道，别人能轻易给你，也能轻易拿走。得而复失的滋味，是世界上最难忍的痛，简直无药可医。

谁来唱一曲情场的忠诚赞歌

心理出轨和肉身出轨如果二选一，哪一个是爱情中不能承受之轻？情场忠字舞，是独舞群舞还是不存在之舞？都是悖论。

忠诚是心门上的锁，合上它，就能关住泥沙俱下的生活。海子的诗：万里无云如同我永恒的悲伤。冬天来了，是享受爱情也要遭遇忠诚检阅的日子。连《西游记》也被世人解读出了"长老姓唐，甜到忧伤"的绝句。君特·格拉斯更说过："我要用受伤的德语来记述民族的灾难和历史，记录故乡、民族的痛苦和创伤。"有爱情，就有背叛，人类的爱情史简直记录了忠诚之伤和自愈的药方，这是无法用理性辨别爱情真伪以及趋利避害的产物。在爱别人与爱自己之间，是谁在耳边，唱就一曲情场的忠诚赞歌？

爱情的旅程中，能够彼此相信走向耄耋，不仅仅要爱得足够，更要忠得彻底。我一直认为，婚姻是所有感情制度中最完美的形式，男女和男男、女女的相爱只有走入了"一家人"的定义才能把所有的问题归入"人民内部矛盾"的范畴，而这远比单纯恋爱的"敌我矛盾"来得靠谱儿——非你即我，你死我活。所以，结婚证是感情忠诚的尚方宝剑，不管多大风浪，看一看临阵磨枪，摸一摸心中笃定——揣着本旱地拔葱秘籍，谁还怕走路遇到的土坷垃呀！

心理出轨和肉身出轨如果二选一，哪一个是爱情中不能承受之轻？情场忠字舞，是独舞群舞还是不存在之舞？都是悖论。有些人既不想独自跳舞，也不想用真爱谱就一曲忠诚的赞歌。他们在日子中顺流而下，等待生活给予惊喜。人生其实真的像网游，从来都是过关打怪，有些人当然乐在其中。但问题是，有些人真心不爱用电脑呀。

现如今，好多各方面都好好好好好的"五好"姑娘被定义成了剩女，因为在感情中，她们的眼睛里从来不容沙子，必须风吹草低见牛羊。青春久了，爱情总不长久。单身大龄剩女们，饱读诗书与内在美在大龄男女的世界里毫无用处。男人都是美的奴，好看是原罪，贪婪也是。说实话，大姑娘们的爱如此这般无望，因着无男人的忠诚保证，从而把太多爱留在身上却报"国"无门。

忠诚这件事儿，是男人的原罪，也是女人的本罪。但求以罪取乐，不求人间烟火。

恋爱的精髓在于把饥饿感当作原动力。二十岁的时候因为失恋，我总觉得每到红处便成灰，然而现在确实不一样了。现在我相信，到手的肉，甭管鸡肉羊肉猪肉牛肉飞鼠肉，先吃了它再说。这样，算工伤吗？有些人的爱情总是吃也吃不饱的，你指望他对你忠诚和专一，纯粹是缘木求鱼。他未必是坏人，也许是好哥哥好朋友好的工作伙伴，他的一切社会身份都很好，只是不能做个专一的情人，跟你欢爱的时候他想着别人，跟别人乱搞的时候想着你，或者，除了跟你鱼水之欢的时候想你，其他的时候从不想你。哪一个更可悲？

但他也并不幸福，怀揣着这样饥饿的心寻找一点儿填满自己的爱情，伴生的困扰相当于去买一本名叫《如何学会吃屎》的书。忠诚如此重要，只是必须投桃报李。若是你给他很多爱，他只还你一夜情，这"忠"便成了愚忠，这"诚"便成了空城。

阿城原来说过：无奈是我们人类最深刻的感觉。现在，我们在实践陈腐，找点儿人找点儿爱找点儿乐子找点儿意义找点儿价值。找的时候太累了，而且，孤独。人真是天生的群居动物。有种特别特别特别悲催的事儿，就是他已经不爱我了，而更糟糕的是，我早就不爱他了——两个月前我愿意为对方死，他亦如是。你看，有些当时当日情比金坚的对象，保质期尚不如速冻水饺。是可笑还是可怜？吃饱了撑的产生的爱，远不如饥寒交迫的斯嘉丽 vs 白瑞德一样胆战肝儿颤步步惊心。忠诚的时效性有多久？比凤梨罐头更短，比炎夏冰箱外的小白菜更速朽。

在人山人海中找一个对的人，其概率可低至买彩票时被路人的镭射枪击中且醒来以后发现自己中了史上最高一亿五千万但彩票却泡了水——这意味着，甭管你怎么对待爱情和爱人，都是错。要一份两不相欠的爱，其实是不容易的。要么你欠他，要么他欠你。认真的人容易输——你看看，连那些微博上弱智的折翼语录都如是说，可见这件事儿已然成为了常识。

有时候，世界真的比人类想得复杂，尽管对此我一直心存疑惑，但也觉得，每个人都只应先善其身，这用来描述忠诚，严丝合缝。有些人天生拥有忠诚这一高贵品质，但有些人则完全相反。有些人忠于爱情，有些人忠于自己，有些人忠于欲望，有些人则忠于跟自己偷情的隔壁刘哥和陈大姐。让夜莺说一段鹦鹉的评书，就硬生生把邓丽君变成了徐熙娣，是艰难，也是沧桑。不管怎么样，忠诚是一曲高贵的赞歌，能学会的歌手，你们是天王天后。

爱的扶贫专业户

回首环顾身边的爱情扶贫专业户，无一例外，她们最后通通变成了披头散发的黄脸婆，从热情可爱变成泼辣难搞。都什么世道了，还以为爱情是你一声穿云箭，就千军万马来相见的吗？

作为一个热爱在人群里冷眼旁观的人，我擅长在各种聚会和饭局中发现乐趣，谁爱谁谁恨谁，谁不待见谁谁想吃了谁，依照喜剧模仿生活的原理，这些比最好看的百老汇戏剧还动人，而且更鲜活、更不可知。比如爱情。关于爱情，很难说这年头谁是外行，不信你试着去打问一下卖煎饼的刘爷爷、开洗车行的陈大叔、面挂千年寒霜独居多年的刘老师，他们谈起爱情来，无不充满回忆。爱情面前，千人千面。有些人，在爱情面前永远是欲壑难平的超级饥民，他／她们穷，饿，胃口里有一个硕大无朋的黑洞，就算你有一座山，也填不满他们的爱情满足感。

我管这样的人叫爱情扶贫专业户，这样的姑娘我们曾经听过的有董永的七仙女、薛仁贵的王宝钏、张生的崔莺莺、牛郎的织女，哦，对了，还有有很多小帅哥的麦当娜。其实粗粗地想来，这似乎也不错，毕竟恋爱的双方，总要有人先行给予，有人退步接受。但回头一琢磨，心里难免不是滋味儿。这样的姑娘，其实说白了，要么是天生有圣母情怀，要么就是有不可说的过去。您大可回忆一下身边这样的友人以及扪心自问，但凡是做过和爱做这种事儿的姑娘，大多数都是性格外向叽叽喳喳，年轻的时候是热情付出激情献身的爱情扶贫专业户，年老了则变成超级媒婆，誓要把身边所有的"单身犯"一网打尽，全部一个萝卜一个坑儿地配上对儿，然后在家坐等人家的谢媒酒——她们拥有独特的戒律和品德，但我猜想，若你不是开婚礼策划公司或是世纪佳缘的员工的话，你理想中的佳偶应该不是这样的。

2012 年年初去世的诺贝尔奖女诗人辛波丝卡曾经写道：我为将新欢视为初恋向旧爱致歉……我为清晨五点仍熟睡向在火车站候车的人致歉……我为桌子的四只脚向被砍下的树木致歉……我为简短的回答向庞大的问题致歉。生活中的诗意跟歉意往往是连体婴儿，但上文所述的姑娘绝无此意。对于这种爱情扶贫专员，我一度非常好奇，我特别不明白的是，但凡在男主角工作爱情两不顺人生遭遇大挫折的时候，按理说应该是让人家独处一阵儿重燃小宇宙再铸查克拉以及卧薪尝胆孤苇渡江的，可是姑娘们偏偏给自己戴上了观音姐姐的脸谱，以大慈大悲的形象上演一场在外人看来超级拙劣当事人男主角也是叫苦不迭的 cosplay（角色扮演）戏码。

　　我身边有个姑娘，她的故事可以从一篇简短的博客里看出端倪：我的孩子三岁了，but（但是）我才十九岁，孩子的爸爸明年十七。问问男读者们，你们愿意接受这样的"扶贫"吗？而女读者们，你们愿意在自己还没发育完就给孩子喂奶吗？她算是"扶贫"扶着扶着就跟对方同归于尽的，现在还不到二十，把孩子放在别人家里养，幸亏是富二代，不愁吃喝。问题是，她爸妈至今还以为自己的乖乖女纯情得不得了。几个月前，她爸爸在她去大学报到之前写了一封长信，温情地给女儿普及了一下女孩子如何保护自己的性知识，殊不知女儿早就是老饕了。

　　当然，孩子的爸爸，也就是那个十七岁的男孩子跟她说好了，如果到他二十四岁的时候还没变心，两个人就结婚。这个男孩子出身农村，学习非常好，体育也很棒，长了一张惹人怜爱的漫画脸，像少年周渝民和彭于晏——人称"贫穷贵公子"，他的QQ签名是"我记得我爱过"。我认识的这个姑娘是付出了天大的努力才赢得男孩子的心的，给钱给衣服送礼物还帮他存了一张卡交大学学费——大约一套房子的钱吧。问题在于，姑娘还不懂得门当户对的爱情才是最让人舒服和轻松的爱情。不过你别说，这种事儿还真有不少成的，可我真的怀疑那些从了的哥们儿里有多少是不胜其烦干脆顺水推舟找个能滚床单的钟点工的。应该不少吧。

　　从这个角度来说，《失恋33天》里王小贱对黄小仙来说，也是个爱情扶贫专业户，但幸运的是黄小仙从此"脱贫"了，而日常生活中的大多数痴男怨女的爱情账户则依旧赤字——他们其实是"破产"爱好者，享受在这个"心有多大舞台就有多大"的世界里表演为爱伤神为伊憔悴。

这么多的大小姑娘都热衷扮演爱情场上的扶贫专员，后来成了专业户，其实是你们不懂得爱惜自己。我还要跟那些姑娘说说，多年媳妇儿熬成婆的日子其实也挺难堪的。你想啊，他不过是出口气"吹灯拔蜡"，你却轻舟已过万重山地把自己点灯熬油了，真没把自己当傻瓜吗？我热爱的情感专家庄雅婷老师曾经反复叮咛姑娘们：什么样的爱情是对的？只要跟他在一起以后，你越来越好看了，那就绝对错不了。但我回首环顾身边的爱情扶贫专业户，无一例外，她们最后通通变成了披头散发的黄脸婆，从热情可爱变成泼辣难搞。都什么世道了，还以为爱情是你一声穿云箭，就千军万马来相见的吗？

这时候，反而是那些个有着公主病的姑娘，她们娇滴滴叽歪没事儿找事儿的样子，显得更可爱吧。这样的故事其实很可爱，一开始是电光石火秋凉，到最后，也就是个以德服人，真心叫人汗流浃背。而这往往不是爱情最好的样子，它看似真诚，实则是爱情的赝品。李宗盛在《给自己的歌》里唱道：旧爱的誓言像极了一个巴掌，每当你记起一句就挨一个耳光……想得却不可得，你奈人生何？

我们跋山涉水地在红尘苦渡，成年以后遇到的人、经历的事儿、犯过的错和二、失过的恋和身，通通都是自给原则。缘分天定，因果由人。你看那烟花易冷，你再看去年烟花特别多。过错与错过，也不过是两个字的移形换位而已。有情皆错，无情皆苦，自己选吧。世界上很少有绝处逢生之际刚好有更多选择更多机会，爱情、职场生涯、养老的钱无不如此，能努力保持趋利避害旱涝保收，才是人生真谛。这时候，爱情扶贫专业户们恰好有了用武之地。可是等老了回头看看这样的自己，端起回忆那杯茶咂吧一下嘴，味道估计真离怙恶不悛不远了。做人最要紧的是不能太贪心，也不要逾规，否则很容易变怨妇——就算出门的时候打扮成拾荒的师奶，也要有一颗女王坐拥满坑满谷珍宝真爱的心，我想，这大概才是知足常乐吧。

不高兴的爱情，不高兴的生活

生活不可能像你想象的那么好，但也不会像你想象的那么糟。我觉得人的脆弱和坚强都超乎自己的想象。

　　我认识一个大姐，她的外号叫"不高兴"。她从来都不高兴，过去、现在，没准儿将来也是如此。她不高兴的原因在于，工作很辛苦。老公跟她都在铁路工作，后来因为打架进了监狱，出来以后靠打零工为生，时间久了，人心也疲了，渐渐地，家里都靠她了。女儿没考上高中，读了中专，马上十八岁了，只想着毕业以后打散工，毫无当年好学生的痕迹。我认识的另一个大姐，老公从年轻开始就是个性格古怪的人，早早内退，如今已经有十年了，身心健康每况愈下，2005 年脑血栓，2006 年肾结石，2007 年出车祸撞坏了屁股上的骨头，每次出事，都是这位大姐照顾他。她是天秤座，纯粹为爱而生的女人，他对她不好，也学不会爱她。

所以你看，哪件事儿更苦呢？累到心碎，还是为爱人憔悴？哪一种更糟糕呢？卑微地爱你，还是被爱？

有些人恋爱是欢天喜地的，有些人则不，他们只会愁云密布唉声叹气。

为什么，爱情，不，高，兴？

因为除了爱情，还有生活。比如一些姑娘的困扰是：明明我是一枚受过优良教育的优质妇女，凭什么跟你共事恋爱为邻工作对接的时候，我他妈就变成了沿街撒泼的傻婆子？问题究竟出在哪儿？有时候，我会在深夜感慨一下，在爱情里面，有些看似强势强大强烈强权的人会一反常态弱爆成渣，真正是弱不禁风的人儿，因为任何风吹草动都能够让他们粉身碎骨，只觉得良辰苦短爱难长。

曾经有一本书里写道：上至外交辞令，下至贩夫走卒，但凡是有人的地方，必须会因人事物不高兴，毕竟，没头脑才是这个时代真正的珍稀生物——我们都太聪明了，并且丧失了开心的能力。生活中处处陷阱，江湖上行走得久了，受的新伤就变成了旧恨，自此之后此恨绵绵无绝期。好一个无绝期，可大家都不是绝情人，谁能放下前尘往事从此浪里白条呢？时间久了，除了不高兴，又该如何？

还有些不高兴则来源于自己的高兴。你人逢喜事精神爽，他路见不平拔刀向。是的，有些人就是这样，你过得不好，他拍手鼓掌；你过得不错，他嗤之以鼻；你活得精彩，他冷箭频放。事实上，他跟你并无过节，他只是不相信你活得不错，这超出他的想象力价值观，他甚至不能允许你用跟他不同的方式生活。但你并非活得不好，事实越是被质疑，越说明你现在过得不错——你的生活，是他的梦。你成了他求之不得的梦旅人，除了与梦同毁，他又能怎么办？要是换个角度想想，谁都不容易，枭雄、讨厌鬼、鸡贼货、下三烂、狗男女、杀人犯、脑残，拨云见日求实寻根起来，谁家都有一肚子伤心事儿，满腹委屈，浑身旧伤，脚底下都是一次次踩进人生大粪坑的屎渍，可，那又怎么样呢？

有时候，让人开心的事儿，可能是一片星空，也可能是一碗热汤面。

生活不可能像你想象的那么好，但也不会像你想象的那么糟。我觉得人的脆弱和坚强都超乎自己的想象。有时，我可能脆弱得一句话就泪流满面。有时候，也发现自己咬着牙走了很长的路。这是莫泊桑数百年前说过的话，如今依然适用。生活的美好，有时候往往在于，一切还没来得及变坏。

中国人土家野夫也曾经说过，生活就是不停地被磨损和伤害的过程，但庆幸的是，每一次结束之后，都是一次让内心重组的机会，我们因此能够变得更好。有些不高兴的人，因为不甘心中负面情绪的毒，也就因势利导成了新造的毒物，并将此传向广大人间——他们会选择在旁人只想听到好话的时候口出不羁，自以为为人洒脱，其实也不过是不懂事儿。少男少女时候的直肠子和鲁莽天真，二十五岁已过还要努力维持的话，真叫人吃不消。

人的幸福指数跟钱有关，但有钱的时候，也依然常有不幸福不满足之感。吃喝玩乐看过，喜怒哀乐路过，依然不高兴，当不了没头脑的人始终要走向不高兴的绝境。你当然可以选择高兴起来，但动辄咧嘴大笑犹如岳敏君的政治波普小人儿画的诸位，你们有些是缺心眼子，有些则是在日常生活中对抗无趣终于通达了，想开了，也放弃了。任尔东南西北风，我自岿然不动。这算非暴力不合作吗？兴许算，但有效。

而在屎一样的人生中用黄白液体画出自己的锦绣山河，这是大智慧，也是大收获。前路漫漫，能走到这一步的人都是大聪明人，但我始终觉得，做一下聪明人，也没啥子不好的。

做人难，做事难，但啥都不敢的话，连倾诉难处都会被剥夺资格——你凭什么哭诉？

You have no right to do it.（你无权这么做。）

真悲催。

不高兴的爱情。

不高兴的男人。

不高兴的女人。

不高兴。且活着。

　　只要活着，一切好说。跟自己拧巴打架的各位，都不是笨蛋，笨蛋是懂得原谅自己的，人有时候要尝试模仿一下金字塔下层的生态，若是老虎学会了养生变成了长寿老人，恐龙也不会灭亡。在弱肉强食的法则地带，能跟笨蛋学会快乐，这是大本事。高兴的事儿其实也多，比如想起他眼睛里的一片海，还有她面颊上的一朵花。

少数派如何娱乐大众

有句讨厌的流行语是这样的：认真你就输了。我非常不以为然，要是不认真，你连输的资格都没有。

我有一些朋友，永远不开心，永远不合时宜，永远少数派，所以也永远不开心不幸福。别人打篮球的时候他下围棋看菜谱，人家要结婚的时候他去庙里清修，结婚的时候隔壁王婶子家的二蛋子给老婆买了个卡地亚钻戒又体面又好看，他送老婆一个汉朝琉璃珠环当戒指，明明不喜欢至少不那么喜欢小动物还在家里养了好多好多只猫——当动物保护主义者好啊，有光彩啊，道德制高点真是高啊。

但他只有网友没有朋友。如果拼了命地约网友见面，哪怕是之前聊天契合投入的，之后也默默见光死。为什么？

在我更年轻的时候，我认为女人是世界上最可爱最好玩的物种，女人的世界跟男人的截然不同，以至于即便在长大以后，我女性朋友也多于男性，她们真可爱。

现在，我则发现了男性同胞的可爱，这个词真不是以他人眼光观察的结果。事实上，我在过了二十五岁以后，因为工作和爱好的关系，渐渐跟哥们儿多了来往，即便不是哥们儿而是别的场合遇到的大哥和小兄弟们，也都各有好玩的地方。

比如，有些好男人，就算平时对老婆礼让八分，对家事从不多口，对老婆予取予求，沉默得像个罐子，也不影响他们在唱 KTV 的时候狼嚎几声《安妮》和《军中绿花》。

当然也有些哥们儿觉得女人是个太难的问题，对大多数男人来说，女人都是个谜，只有花花公子们才会觉得面对姑娘们，要搞不搞都抡上一炮。但女人要得太多了：潘驴邓小闲——潘安的美貌，驴子的那活儿，邓通的家财万贯，又肯伏低做小，还有闲情逸致陪自己做最浪漫的事。难度太大，高帅富有几何？大多数还不都是我等屌丝。

从这个角度来说，女人甄选男人，比男人博爱女人严苛多了。你以为鸭比鸡贵是什么原因呢？而以这种论调来说，作为少数派的高帅富要找到一个身心灵投契的白富美其实也难过万里选一吧。

很多少数派是用错觉跟世界博弈的，就算想要变成多数人代表的绝对真理，也是仅止于想，实不能也。这不是努力能解决的问题，而是能力的局限。你永远也没法儿让一只猫变成一条狗，就算能够短时间潜伏一下，有个屁用？

伍迪·艾伦说过："我没有耐心一遍又一遍重拍，因此这可以说是我的一个恶习，这就是懒惰。如果我不是那么懒，如果我能认真一点儿，也许我的作品会更好。但它也不会有多棒，不可能让我的水平一下子跃到黑泽明那样的高度。它只会略微好一点儿，不可能从刚刚及格一下子变成满分。"

成年以后我发现，老祖宗们说的中庸之道，比如得过且过，学会浑水摸鱼，学会在抢功的时候表现、问责的时候躲闪，都是真理，啧啧啧，这样说真是堕落啊堕落。

但，做人又何必太认真。有句讨厌的流行语是这样的：认真你就输了。我非常不以为然，要是不认真，你连输的资格都没有。但太较真儿的人，生活也会累吧。我以前是个紧绷的天蝎男，现在则渐渐开始学会偷懒。人有潜力，但相信我，如果就创业的质量来说，重复做十遍也未必比得上第一遍，当然有可能好一点点，但也仅此而已，可你需要付出比这个高得多的沟通成本、脑力成本、精力、时间，以及好心情。何苦来着？

对于少数派如何自娱自乐，尽管我的建议是随他去，但还真有些人上赶着要跟人群你侬我侬。正如老乡会都是混得不错的那些人发起的一样，我估计这些少数派的内核是从小被孤立使劲儿努力使劲儿奋发终于在亲友团面前扬眉吐气的一群人。不爱我的我不爱，这又不是虽败犹荣的事儿，就算出尽百宝，人家也未必识得你的好，心甘情愿享受你的付出之后还要冷冷地加上一句"这傻×，他的便宜不占白不占"。

当你不再寂寞的时候，那些昔日陪你家长里短说是非扯八卦的朋友，就会瞬间显得好肤浅好 low（低级）好无趣，尽管他们并非如此——你瞧不上眼的，只是你当下不能容忍的日常化的自己，你认为现在自己品位高尚人格有着金子一般的闪光点，闪闪惹人爱。

在大范围犯抑郁症没点儿怪癖就不好意思社交的时代，做个朴实的、开心的，乃至有点儿嘴软的、快乐的人，挺好的。以前有人说，快乐也是一天，不快乐也是一天，凭什么让我一天到晚强颜欢笑呢?！这个话反过来说也成立。各有前因莫羡人、人无我有、人有我优的做人态度才是混沌浊世中保持风日洒然的秘诀吧。但我依旧牢记老舍的那句话，与众不同是行不通的。然后他死了。

剩女们的高潮式救赎

不能真诚地面对自己的欲望，又不能坦诚地让爱情生活变得圆满，多来几次这样的事儿，没准儿你还没感受到拒绝男人的满足感和事后一丝丝捉摸不透的悲凉氛围，就已经成了传说中的变态和火星人。

那些读亦舒中毒的姑娘，一直笃定地坚信无论人格还是经济，女人须独立自强，且对男女关系通通抱有超高标准要求，要在彼此尘埃落定之后才完成灵肉结合。好吧，简而言之，许多大龄剩女没能在自己吹弹可破的岁数嫁出去成就一个美好家庭的原因，无非是对爱和性没法儿客观对待。是宁缺毋滥还是宁滥毋缺，这简直是个死扣儿。

性不是目的，也不是结果，成年之后，在适当的时间地点纵情声色一把才是自然规律。然而那些患有"一个人睡觉害怕好冷又孤枕难眠症候群"的姑娘，宁愿不停地把商店里幼齿无边雷人无边的公仔娃娃们一个一个一堆一堆地拿回家，也不愿意让另一边的床躺下一个男人。她们受到"处女最珍贵"的歧义误导，以至于把那层膜当成武器和嫁妆。哦，原谅我如此粗俗。然而她们的"武器"没有谋夺男人的心，却默默进化成有威慑作用的核武器，吓坏了也吓跑了一个又一个男人。

那些个被当作教科书的言情小说其实害人不浅，姑娘们唰唰唰写完读书笔记后的结果是，要么将简单明了的事物搞到繁杂无章的程度，要么将速成事件硬生生做成各种纠结混合艰辛——她们只是没法儿享受轻易得来的性福。明明水到渠成的事儿，非到男人血脉贲张地给她和自己宽衣解带的时候硬生生喊停——别这样别这样，我不是那种女孩儿。男人垂头丧气如丧家之犬般恼怒又羞耻地走了。后来？没有后来了。男人们喜欢和欣赏的一直都是"你若撒野我必把酒相陪"的豪情女子，敢爱敢恨，当干则干。你说你不是那种女孩儿？那，你究竟是哪种女孩儿？总不是每到红处便成灰吧。不能真诚地面对自己的欲望，又不能坦诚地让爱情生活变得圆满，多来几次这样的事儿，没准儿你还没感受到拒绝男人的满足感和事后一丝丝捉摸不透的悲凉氛围，就已经成了传说中的变态和火星人——地球太危险了，你还是赶紧坐飞船回去吧。

事实上，当女人对男人的要求越来越高，男人所希冀的回馈也变本加厉，如果不是葫芦身形的善做羹汤的女科学家，将男人定义成亦舒笔下的"家明"只会让自己沦为笑柄。

对于年轻却已过适婚年龄的女子来说，生活中需要高潮，这不仅仅与性有关。高潮意味着不那么平淡无奇，意味着从此可以摇曳生姿地在感情生活中努力地享受过程，并且有了快感你就喊。从"圣女"到"剩女"的路径不是不心酸的。剩女们同样独立、貌美、性格开朗、出得厅堂下得厨房，这与自身硬件无关，不然那些个优质剩女是怎么来的？

但成年女子应当掌握的事包括：自己换灯泡，组装购自宜家的家具，给自己的男人做一顿精美可口的晚餐，以及享受晚餐后充实的性爱。OK，享受性爱置入技能型话题看似突兀实则不然。譬如，轻轻亲吻她的额头，沿着 S 路线直达嘴唇，再缓缓移到耳朵轻重缓急地吹气噬咬甚至蹂躏，以下省略若干字……

这些得了老姑娘青春寂寞症的孩子啊，看看宋朝大怨妇朱淑真的词："人怜花似旧，花不知人瘦。独自倚栏杆，夜深花正寒。"没准儿她也曾百般告诫自己千万不要陷入"爷是欲，我是欲的奴"之类的深渊，然而一旦彻底远离了深渊，就立刻开始幽怨。这不是男人们的错，这个世界可堪期待的男人们还是满坑满谷，你主动出击挨个儿击破的独孤九剑一出，总有一款被擒获。别轻易陷入绝望，进化成禁欲狂人，男与女的关系自古就是恶战，但你也不可能总打败仗不是？

情疗专家单身病

回头环视四周，面对男人，三四五六七流的民间情感专家们不谈风月，只谈风云，说起男人就只有"男人没一个好东西我跟你说""人性如此，我能怎么办呢"的讨厌鬼架势。

有一些姑娘，因为看了几本心理成长书，就成为身边姐妹的恋爱急诊室，一有风吹草动就被找来聊聊。时间久了，兴许还真让这些"二把刀"医好几位，更没准儿人家还会送个锦旗，上书"治病救人，妙手回春！"

问题是，这样的姑娘，时间久了，自己恋爱责任田那一亩三分地的庄稼，没准儿就年年播种回回不收了。为什么？这就像那种医科学生中常见的"三年级生病"，读到第三年，照本宣科的时候觉得哪儿哪儿哪儿都有病，最后魔怔了简直没法儿继续上学。

咱们身边那些个情疗专家姑娘，因为看过见过算过分析过治疗过别人别事，所以放到自己身上就怎么看怎么不顺眼，老觉得男人都是猪，或者男人都是瘪犊子，从二十二三蹉跎到二十五六七八九，眼看三张多了，也只能去婚恋网站碰碰运气。

换言之，这些姑娘把自己打造成铜墙铁壁金贝壳，也不过是为了保护内核的那坨贝肉吧。人家真正的情感专家，面对感情都不温不火不慌不忙，该哭就哭该笑就笑。男友埋单人家眉开眼笑，AA制也过得蛮好，并没有因为看清了世情而变成一个出世的怪异的让人心生距离感的讨厌女孩儿。这才是文能写书、武能杀猪的好女子哟。

回头环视四周，面对男人，三四五六七流的民间情感专家们不谈风月，只谈风云，说起男人就只有"男人没一个好东西我跟你说""人性如此，我能怎么办呢"的讨厌鬼架势。别说身边的男人被强大气场自动弹开，就连好心人救苦救难介绍的相亲对象，也只是批判的对象。看不上的自然是说各种批评类的屁话，在此不做赘述；看得上的，人家一般看不上她；那种食之无味弃之可惜的则本着骑驴找马的架势剪不断理还乱，但"专家们"这时候都是以恶形恶状知名的，不仅对男方呼之即来挥之即去，还把这个自认为与自己千差万别的 low 货当作奴隶贱婢，不羞辱简直会死。任你再好脾气的男人也架不住层出不穷的驴打滚儿啊，一番蹉跎后抬腕看表，差五十八分钟中午十二点。你看，迫在眉睫的婚事，再赶不上，就变二婚头啦。

《黑暗骑士》里有句台词：有些人只想看着世界燃烧。

所以民间情感"砖"家亲友们，你们 high 吗？

　　另外我发现，这些姑娘百分之九十以上热爱翻白眼儿，说话刻薄，简直是随时模仿小 S，问题是人家在《康熙来了》嬉笑怒骂皆成文章，可是日常生活中还是个贤妻良母举止大方的女明星啊。她们根本不知道，很多感情的萌芽都是死在翻白眼儿上的，这个被我命名为"杀死方圆十公里好男人"的技能只要出现，基本上千山鸟飞绝，万径人踪灭。

　　一次爱情一次灾，这是农耕原理，种瓜得瓜种豆得豆。大多数男人是害怕麻烦的，而业余民间情感"专家"则专门制造麻烦，她们自己也知道。但这么一想，就成了悖论，因为怕麻烦所以引起更多的麻烦。

　　医者不能自医，若是天资不错的姑娘，又偏巧不丑，要么找个金身全铸的完美天子，还得对方只爱她一个人，要么沉沦亦舒、杜拉斯的小说，当个冷静决绝的女子，一生孤单，"你敢爱我，我就敢揍你"。后来……世界和平了，一群剩饭彼此抱团取暖。

　　不相似或不平等的关系，甭管是爱情还是奸情还是从小一起撒尿和泥的老交情，都是电闪雷鸣下光脚走独木桥的，一不小心就受伤或者受气。何苦来着？彼此舒服的爱情若论起真谛，大概只有"见好就收"四个字。但是做到谈何容易？要么茫然四顾不知如何是好，要么偷得四字真诀，可稍有不慎，立刻变成哭在人后笑在人前的 hold 住姐。面对爱情，都想演偶像剧，谁他妈要当谐星啊！

　　人生如此，怎样才能欢呼一声，上炕雀跃？简直前无出路后有追兵。

Good Luck 不如 Good F×ck

祝您好运还是祝您好 ×，这样的命题还真够幻灭的。不过更幻灭的是，看尽了人间春色，最后却只剩下一手随风而逝的死灰。

　　我有一个朋友，她喜欢一个大叔良久，对方才华横溢，业内无人不知，她就喜欢有才华的男人。有一天晚上她打电话跟我哭诉，今天上午他们还在电话里轻松调侃，对方甚至热情邀她来自己公司就职，并婉拒了一起吃晚饭的邀请，借口是他下午要去父母家。当天下午，她惊闻他的婚讯，就在这一天，就在那个上午他说要她过档自己这儿的工作的时候，他，结，婚，了！

　　想想看，总有些人和事比自己想象的更极品，让人没法接受的事儿太多了，姑娘们都想试着拨开狗屎看到黄金，结果，狗屎下面是更多更臭更硬的狗屎。如今，我这位朋友去了一座名山的宝刹清修，虽未遁入空门，可是心里的那团小火焰怕是短时间内不能燎原了吧。当然，所有的回忆都是一面之词，也许事实并非如她描述的那般充满匪夷所思的绝情断义，但一场没有肌肤之亲的苦恋因为发生在两个年龄加到一起超过六十岁的人身上，不可能不叫人心酸的。

我本将心向明月，奈何明月照沟渠——几年前在冯小刚的电影里，黎叔让观众们学了句古诗，在后来许许多多的狗血事件里，这两句诗进而成了百搭款，其适用范围堪比中餐里的葱花——要么您从来不吃它，不然，总有遇见的时候。

有些姑娘一直游走在感情崩溃的边缘，动辄万念俱灰。正如极品都是扎堆儿出现的一样，这些个总是遇人不淑、让坏男人生机勃发的"贱男春"们，她们自己身上也常年笼罩着一股难言的倒霉蛋气质。是有那种总是担心自己被男友痛揍的姑娘，每次交往都会发生"打我三部曲"：我猜你一定会打我，你打我呀打我呀！哎呀，你真的打我！我就知道你一定会打我！遇到这样的姑娘，任谁都有愤而出拳的冲动吧，即使他原本是个温文尔雅的谦谦君子。你不能说这样的姑娘对感情不认真，也许正相反，她们的较真儿恰巧是让人心生怒意的地方。

很多男人眼里的姑娘是这样的：腰，一把；胸，两把；脸，没吐——可上。这条来自著名专栏作家庄雅婷老师的绝句在很大程度上戳穿了男人们耍花腔时吹的气泡，而在日前刚刚加入中国作协的金庸大师的名作《射雕英雄传》中，因杨康失眠失身失生（丧命）的穆念慈，虽然在大是大非面前铮铮铁骨誓死不与杨康同流合污，然而她毕竟为他生了个孩子，而且带着孩子流落江湖贫病而死。在这类故事的启示下，很多抱着游戏心态玩弄感情的糙老爷们儿却往往要求对方是忠贞不变的名门淑女崔莺莺，结果不仅连下里巴经典好妞红娘这样的都遇不到，更加不堪的是，踊跃举手的都是潘金莲啊……不是每个男人都既能柳下惠又能西门庆的，万一不小心变身成武松，那漫天密布的刀光剑影可真叫人招架不了。

　　我要说的是，相比于其他所有时代，在各种感情关系和性关系并行不悖的现代，性更能独立存在，但其终极目标还是以人为本。本来是一件让人产生幸福感和繁衍后代的最最神圣美好的事，却因为爱与被爱时候的满脸不服导致遍体鳞伤车毁人亡，何苦呢？我必须要说，能够在种种感情关系之后牵手走向婚姻当然要靠福气，可色令智"婚"的各种成功范例同样在各处鼓励着姑娘们，"看成败，人生豪迈，只不过是从头再来"。有了这样的励志歌谣，在男女关系中放开了 good f×ck 就算不被讴歌无数，也会摇曳生情。

　　祝您好运还是祝您好 ×，这样的命题还真够幻灭的。不过更幻灭的是，看尽了人间春色，最后却只剩下一手随风而逝的死灰。

柏拉图式性与爱

爱的能量是守恒的，在陌生人身上挥霍了太多的激情和欲望后，爱就慢慢变稀变薄，成为柔软的虚无，再也守不住留不了。可把这团炽热火焰喷向唯一的对象，对方势必被融化并涅槃。

如果没有性，爱情会更凝华还是迅速坠入谷底？这一直是个伪命题，因为无论支持哪一方，都会有来自另一方的成功范例把人驳斥得哑口无言。按照专栏的写法，在讲述某个范例时通常可以引用"我有一个朋友"的格式，而在本文中，我想说的是，我有一个朋友，她今年二十六岁了，既没有正式谈过恋爱，更没有感受过男欢女爱——你知道，我说的是性。

事实上，这个女孩子品貌端庄，在某知名电视台工作，收入颇丰，并且不时传出某个共事过的二线男演员想要追求她的江湖传言。然而她孜孜不倦追求的，都是毫无可能并且与现实生活一点儿也不搭界的孽缘：她从高中起就暗恋自己的一个男同学，大学毕业以后，男生曾经主动向她告白，但她以没有做好准备（性方面）为由婉拒对方。而事实上，男生结婚的消息传来后，她哭成了泪人儿。她说她还爱他，像以前一样爱，并且越来越爱。

就我个人而言，尽管我不认为纵欲值得大范围推广和传播，但在一个开放的年代依然做一个"装在感情的套子里的人"更为不智。像我那个朋友一样对爱情拥有无限完美憧憬的姑娘其实不在少数，而这恰是陷入悲剧的源头之一。对这种柏拉图式的爱恋加以概括的是《恋爱的犀牛》的编剧廖一梅曾经写过的箴言：所有的爱情都是悲哀的，可尽管悲哀，依然是我们知道的最美好的事。然而对我而言，童趣十足的爱恋才是恋恋风景中的上乘招式吧，即使在性面前，也毫不羞涩，坦荡荡地说出自己的情欲。

与柏拉图式恋爱相反的是，总有一些人最终落入欲望的海洋。"性瘾"已经不仅仅是个医学名词，它甚至使得曾因主演《X档案》而红遍天下的英国男子大卫·杜楚尼在事业走下坡路多年后，又成为了各路小报的头条——他得了性上瘾症，人们想知道他是否跟除了妻子以外的人胡搞。身体的放纵和情感的出轨，哪一个更严重尚且不得而知。索菲亚·罗兰说过一句话：女人只会假装高潮，但男人会说谎。有人感慨男人偷腥时的智商仅次于爱因斯坦，这说明爱情体现了一个人的最高智慧和最低道德。在婚姻和固定的感情中，我们只能借由被背弃和被伤害一方的伤心指数来揣测这一切有多不堪。在这个人心惶惶纷繁复杂的时代，作为基础道德的检点已然成为美德的标准，不得不说是悲剧一出。坦率地说，能够赢得赞誉的女明星，在道德上的引导意义，其实只是不胡搞，而已。

畅销书《走出阴影：了解性瘾》里，将性瘾归纳为三类：一级如手淫、沉迷于网络色情和私通等，并未侵害他人的利益；二级为裸露癖和窥阴癖；三级包括强奸、乱伦以及对儿童进行性侵犯。但我们要承认，从某种意义来说，柏拉图式的恋爱是另一种意义的性上瘾症。譬如说《一封陌生女人的来信》里的女子，她对花心男的痴迷是柏拉图式喜爱还是性上瘾？谁又说得清呢？我知道一个男生，每次跟女友约会之前都要先打一个酣畅淋漓的飞机，事实上，这样会让他在接下来的约会中状态大勇，既保全了一个绅士应有的礼貌，又不至于对女朋友过于急色而导致对方的反感。可是，这个男生的爱情观究竟是柏拉图式的还是性上瘾呢？在陷入欲望沙海之前，保得灵台半点清明，这算是不错的做法，不过结婚了以后怎么办？谁敢去猜呢？

我有一个对星座颇有见地的女性朋友曾经说过，任何性能力一息尚存的男人都不会接受柏拉图式的恋爱，除非他是双鱼座。这多少有点儿得罪双鱼座的意思，不过抛开后缀不谈，据我观察所知，身边还真没有一个哥们儿愿意跟唯一的交往对象柏拉图。我要说的是，爱情其实是激素最伟大的衍生物，任何爱情都应在看得见摸得着的前提下发展和放大。在韩国电影《触不到的恋人》中，男女主人公跨越了两年的时空，他们能够沟通的途径无非是一个有着任意门功用的邮箱而已。必须要承认，对我来说，这简直是人世间最大的悲剧。

对爱情而言，性并非万能金钥匙。事实上，一夜情达人鲜少成为情场呼风唤雨的常胜将军。爱的能量是守恒的，在陌生人身上挥霍了太多的激情和欲望后，爱就慢慢变稀变薄，成为柔软的虚无，再也守不住留不了。可把这团炽热火焰喷向唯一的对象，对方势必被融化并涅槃。至于坚持无性之爱的姑娘们，她们通通在保证爱情的绝对纯洁的羊肠小道上走向不归路，而原本充满各种可能性的姑娘们，在冥冥指引下写出了完全相同的爱情悲剧。

新晋流行金曲《我爱你》中，卢广仲痴情又焦急地唱："电影里的配乐，好像你的双眼，我爱你，快回到，我身边。"可见无论男人女人，对爱情的期许最终会落在实处，是拉拉小手搂搂抱抱的物质生活，柏拉图式的恋爱怕是早已不符合这个时代人群的情感需要了吧。

当 Yes 小姐遇到 No No No

我向来觉得，做人就是要有颗十三不靠的心，然后放在撒娇发嗲哼哼唧唧的肉身里。攘外必先安内，心是骄傲的，人才能真谦卑。

诺贝尔奖女作家多丽丝·莱辛的小说《天黑前的夏天》里，主人公凯特是个一直顺风顺水的中年大姐，在一个家里停电的夏日里，和家人共处的时候她充满了焦虑，想喝茶倒水还要到户外点火做灶，忽然间这个 Miss Yes（Yes 小姐）遇到了 No No No。她遇到了改变人生的契机，尽管只是喝口茶而已。

在我看来，凯特这样的 Yes 小姐简直是日常生活的毒瘤，也不一定是癌变的那一种，但总之、始终、反正，就有着让人不适的样子。她们的人生从来只有"行盖柳烟下，马蹄白翩翩"的一派喜乐，但万物是平衡的，不洁净不美好的事情如果不在外面，就会成为内心里野欲横流的黑洞。

我认识一个大姐，说是大姐，其实也不大，三十出头罢了，姑且称之为鸟姐吧。鸟姐是个超级宅女，总之干物女啊什么女的，往鸟姐身上套就对了。作为一个人，客观来说，鸟姐一点儿都不坏，还经常捐款助学救助流浪动物什么的，可鸟姐的问题在于，她是个非常极端的人。极端的人有多可怕？国外有本书叫《狂热分子》，看了你就懂了。本来是一件小事，非要硬生生把自己和对方都逼到死胡同，从来不认为自己有错，从来不给对方留任何余地。以这个角度剖析，鸟姐还真是个纯粹的人。她信奉宁缺毋滥，决不姑息任何人的任何错误。

作为一个宅女，鸟姐有大把的时间发展各种兴趣爱好，如果只是看她的人人网和 QQ 空间，你显然会认为这是个非常会经营自己的人生，智慧、优雅和品位卓群的知性女子。事实上，刚认识她的人确实如此认为。不过，那些不得不跟她长期接触的人往往不这么想，比如她家保姆大姐。

保姆大姐是鸟姐从娘家专程找来的，说是能给自己做一手靠谱儿的家乡菜，待遇也确实不低。问题在于，常年幽居的鸟姐已经学不会跟人正常交往的方式了，她不能态度轻松地说我要吃红烧肉我觉得房间没打扫干净我的衣服没有叠好等等，她都是用吼的。但更可怕的是她的刻薄。

她是个天性刻薄的人，亲友的回护又让她以刻薄为荣，总之现在流行毒舌，她觉得自己的人生时髦极了。连保姆大姐做的包子面有点儿黄，她都能说到大姐以前带着孩子看病没留心以至于孩子被拐卖这件事儿上——你说她的心眼儿是不是很脏？

以至于有一天我微博上写了个深夜星座吐槽：那些热爱和痛恨处女

座的亲们，你们可都是骚货控吗？

　　超级宅女鸟姐的抑郁症越来越厉害了，她经常闭门谢客，或者在请客之前要筹备一个月——其实也就是打扫一下房间啥的，还是保姆大姐做，她只是无法克服自己的社交恐惧症，而很多这个年龄的姑娘还满世界活蹦乱跳尝鲜探险呢。我小时候看赵丽蓉的小品，点头 yes 摇头 no，来是 come 去是 go，见人招呼要 hello。这算是常识，可是有常识的人现在也越来越少了。

　　后来鸟姐也离婚了，跟她结婚的那个哥们儿，现在好像混得也挺惨的，说是常年生活不幸福以至于人都变丧了。不过，这就跟 Yes 小姐的遭遇一样，见多了点头如捣蒜的亲朋好友，就算遇不到当众踢她小腹的人，世界也会看不过眼伸手扇她一嘴巴。

　　我向来觉得，做人就是要有颗十三不靠的心，然后放在撒娇发嗲哼哼唧唧的肉身里。攘外必先安内，心是骄傲的，人才能真谦卑。鸟姐这样的 Miss Yes 看起来越骄傲，就越无法安然自若地与世界和平共处。Yes 小姐的人生只有 "Yes, my lady"（好的，小姐），哪儿曾见过 "No way"（没门儿）呢？

　　再后来，Yes 小姐几乎都会变成 Why（为什么）大姐，少部分能变成 OK 御姐。为什么有些人大姐有些人御姐？这真是难以启齿的问题呃。因为不是每个姑娘年纪变大都能理所当然变成御姐，你只是老了，并且人生将遇到永无结束的 No No No。

翻云覆雨时长点儿脑子

女人的性福是写在脸上的，如果一场恋爱最终走向一拍两散的尴尬境地，性生活不和谐已然在"分手十大超贱原因排行榜"上名列第二。

其实，情商、智商、爱商跟性商真的是天差地别的几件事儿，毫无关系可言。很多看似精明的职场女顶梁柱在男欢女爱的时候就会变身成日本妹，你以为她们都是苍井空小泽玛利亚武藤兰松岛枫？做梦！大多数时候，她们要么变成缺心眼子，要么变成祥林嫂子（此处请读三声）！

性商测试卷之观念
情商师傅引进门　性商修行在个人

问世间情为何物？只是一物降一物。言情小说《菜鸟上枝头》里说，女人一生中有三分之二时间是戴着胸罩的，但 78% 的女人根本不知道自己的 size（尺寸），81% 的女人根本不知道不同的款式有什么不同的作用，如同有些人恋爱了一辈子，却依然不知道自己要的是什么。无知少女和无知妇女遍生这个时代，她们还有一些别名：宅女、腐女、森林女、草食女、没女、败犬女、"居里夫人"，以及剩女、剩斗士、齐天大剩。

有些单身女子的房间很大，有很多书，但她们很寂寞，无论他或者她，都无法填补那个巨大的难言的空白——像云朵一样大而柔软的孤独，像暗夜般难捉摸的孤独。如果有一张大床，那简直是罪恶之源。佛谓人生七大苦：生、老、病、死、怨憎会、爱别离、求不得。原来不过是扑空太用力的爱，总会让人紧张，过犹不及的性更是如此。事实上，姑娘们所追寻的，一直是男人们看不见摸不到的傻东西。

女人的性福是写在脸上的，如果一场恋爱最终走向一拍两散的尴尬境地，性生活不和谐已然在"分手十大超贱原因排行榜"上名列第二。而对男人来说，娶一个榆木棒子回家当媳妇儿也简直是噩梦一场——成年人才知道原来下半身那档子事儿也会折磨死人，或者毁灭爱情以及婚姻。

你该看过《床战大法七十二变》之类的书吧，里面描述的体位让人多少有点儿千帆看尽皆不是的味道，又不是鸡，又不是 AV 女优，姐吸姐收姐打滚儿……姐好累……凭什么凭什么凭什么？姑娘们愤愤不平。

然而性商与完美性关系的建立就像严歌苓所谈论的爱情观，从来都不是信用卡，都是储蓄卡，取一笔存一笔才能收支平衡，任何关系都应该如此维系。七年之痒都是输在了缺乏新鲜感上，我牵你的手，就像左手牵右手。你的目光写着天亮了，他却刚刚夜幕降临。真是让人心酸极了！

性商指数高，且对象专一，何愁爱情关系不能永固呢？

性商测试卷之类型
当"韩剧症女患者"遇到"AV症男患者"

有一个朋友，他跟女朋友的鱼水之欢总有让人欲哭不能的窘事儿，比如约好到天蓝蓝水清清的青海湖畔野合万事兴，结果在进行当中遭遇牧羊小童和他牧的那几百只羊……再比如到女朋友家偷偷过夜，结果半途对方父母回来，女友惊呼叫爸，他却以为是在跟自己玩角色扮演游戏，于是启动加速度模式……

女生遇到这样的男友，是不是多少会有默默握断一把筷子的冲动呢？简直就是263男！二百五加十三点的极品低性商男！

当然，也不全是男人性商低。有一种姑娘是"韩剧症女患者"，她们中了纯爱系韩剧荒谬的流毒，爱人之间的亲近是抱抱亲亲亲亲抱抱抱抱亲亲亲亲抱抱……可是，酱紫怎么造小人儿啊！因为太纯真，所以完全不能接受正常的云雨之欢，你留恋一晌贪欢，姐只要片刻温暖。有些时候不合是十方一念，有些则是一期一会，总有磁场不合的事儿发生。

还有那种 AV 症男患者，也是性商低到让人吐血的。人家说男人只会变老不会长大，一辈子都天真似孩童。可……孩子太不长进的时候总忍不住想扑过去拍一顿巴掌。有一种爱场纤夫鲁莽男，把爱人当 2012 巨船使劲儿拉，他信誓旦旦："哎呀，我这次可用心了，我看了好多日本爱情动作片，学了好多性知识和性姿势，您瞧好吧您……"然后使劲推拉掰掐搬摔扭。至于另一半的心情，又何止是翻白眼儿和嗷嗷大喊 shut up（闭嘴）能够表达的。他们需要的不是一个同样走向快乐顶端的伙伴，而是一个任人揉捏的充气娃娃。

这些人都是女体撕扯控，多少有偏执狂的嫌疑，日产爱情动作片看多了，总有代入的冲动。我把你比作苍井空不差毫分……可是你不是加藤鹰，凭什么要她是武藤兰？对于 AV 症男患者来说，最合适的恩爱对象是退役的艺术体操运动员姑娘，各种掰开啊……

关于 AV 症男患者，有一个相反的例子：一对感情很好、很恩爱的中年夫妻多年无子很是发愁最后求诸医者才发现女方还是处女，但括约肌松弛……那些有着神秘孔洞的曲径通幽，是性商低下男永远无解的谜。

请自行检查，如果你或者你的他恰好属于"韩剧症女患者"或者"AV症男患者"，那么恭喜你，你的试卷马上就可以画上一个华丽丽的大叉，得分为零，零，零。

性商测试卷之技巧
男持久度和女技巧，谁比谁更牛？

虽说并不倡导婚前性行为，可在结婚之前如果不知道彼此是否契合，那真要成亲恐怕是会崩溃的。有些姑娘天生脸上贴满"性冷淡"的标签，在闺房中的默认口号是——想要让我高潮，没门儿！男持久度和女技巧，谁比谁更牛？这是性商的博弈，也是在两人生活中男权女权正面交锋的首战场。

如果一方锄禾日当午另一方"做"以待"闭"（双眼紧闭的闭），那未免也太煞风景了。不过，也有另一种苦楚，就是再过硬的金刚钻也敌不过让人欲死不能的无底洞啊……端然，这是胡兰成最爱用的词，像是在说千帆看尽的时候，也会觉得无趣吧。胡兰成是情商智商爱商全面发展的典范，一边搞着小寡妇一边吃着张爱玲的软饭（好吧，张爱玲还认识小寡妇）。你说说，张奶奶是不是有点儿二呢？两个爱人，一行热泪。很难说胡兰成不是传说中的性爱皇帝，但能够赢得多名出色女子的身心，总是性商有几把刷子的人吧。日本 AV 界的黄金手指加藤鹰——号称用手指能让女生在十二秒之内潮吹的那位奇男子，前些日子在微博上传出死讯，诸位女子大呼悲哉。幸好，几小时以后，他本人更新了官方网站，姐姐妹妹们才放下一颗娇嗔绝望的心。其实吧，这样算是个心安若素的意思。

最近美国诞生了一款奇妙的产品——做成阳具形状的口红，我猜是想让姑娘们自己美的同时，也练习让爱人同样身心荡漾的功夫。不过，这也实在太让人心慌了吧。

某个姑娘，前一段时间刚刚跟男朋友手。分手那一夜他们正在床上嘿咻，忽然间她哧哧哧地笑了，大笑不止，毫无因由。一晚上过去了，两人相对无言，进行还是待续，to do 还是 not to do（做还是不做），都是个问题，于是分手。刚才说了，性生活不和谐可名列分手十大理由第二呢。你问第一是什么？好吧……是他（她）好贱，居然劈腿……

有些女孩默默爱上了给自己极致高潮的男人，她们犯了爱情大忌。从来都不要去相信身体的记忆，它是靠不住的。虽说三十如狼四十如虎五十坐地吸土，但如果以头撼"树"苦练吸精大法的话，总能斗得过几个银枪蜡烛头吧。

有些男人对射与不射的固执犹如参加世界杯的某些球队，要么九十分钟死守全场死活不射，要么加时赛一口气三连射上演帽子戏法儿。姑娘们遇到这样的男伴，大概想哭想死的心都有吧，最终以双双破皮而哭告罄。这正是因对彼此了解不深才遇到的倒霉事儿，不过还有更可怜的——插播一个让人崩溃的段子，足以说明没有性商或者性商低的人在不了解实际情况的时候尴尬至死的事儿：一个色男子去泰国出差，企图碰到艳遇，结果真的在街上碰到一漂亮 MM（美眉），二话不说就去开房，衣服脱光，两个人都硬了……就……好想死啊……

　　关于性商，无非是一个人发出甜蜜桃色信号，另一个迅速收到并搭配融洽。双剑合璧你中有我是每对情侣、夫妻的终极目标，不蛮干不当登徒浪子，让高性商成为维系爱情的重要方式才是大道。爱对方更要爱自己，如此这般，你才是他（她）心中永远的优乐美。

公主病患者你听着，谁也不是你爹妈！！

三十岁是公主病的分水岭，是从白雪公主到恶毒皇后的变形记，如果不能在时光中迎风自愈，就只能带着一身过气公主的尸臭成为众矢之的。

　　大概是好几年前了，我刚换到一个新公司，老板觉得我人靠谱儿，在工作以外加了一个《舆情》的工作，这个是既不拿工资也不计入晋升测评体系的工作——后来想想，这就是不懂得拒绝的结果，但此问题不在此赘述。我要说的是，当时从各个部门分来的人里，有一个品牌部的姑娘，大学初毕业，射手座，圆脸可亲，不靠谱儿。第一期开始，周五的任务没做完；周六问，推搪；周末问，我在逛街我总要有休息时间吧，与此同时，其他人都在办公室苦情加班。我们只得做完自己的事情后把她的那部分补上。怎么办？忍着好了。跨部门合作的任务靠打打小报告是根本解决不了问题的，所以她成了那份工作的"钉子户"。所有的事儿都成了别人的事儿，所有的问题都是别人的问题。怎么办呢？她是把所有同事当作爹妈一样吧？你以为这是好话？这年头儿，子女对爹妈的态度能好吗？就算是亲爹亲妈，也有伺候得不如意的时候。

所有人都应该帮你，不然就觉得委屈。爱是最大的恐惧，父母因为疼惜和害怕失去，对子女有天生的溺爱基因。但一入江湖都是只争朝夕的，谁是你的爹妈？谁又是谁的优乐美呢？公主病患者的可怜，在于从小就不知道真实世界的样子，直到野蛮生长到成熟体还依然如旧，再后来，终于碰到一个狠角色把他她它的问题一次清空。想想看，职场多可怕，愿意说你几句的，都不是要你命的人啊。那些真的想破你饭碗的人，都是笑眯眯看在眼里记在心上。

罹患公主病的病友一般都对自己和别人估算错误，他们以为年轻就是最大的才华。你未必有美貌，但有足够的青春已是法宝，不过青春是最容易透支的财富，谁没年轻过呢？都不是本杰明·巴顿，返老还童的事儿是不可能的。年纪大没学会可爱温柔慈悲只练到刻薄和假笑娇嗔，这样的人是枇杷香蕉上的斑点，如果不早日挖去，就会坏掉所有人的胃口，古人说的，"一颗老鼠屎搅坏一锅汤"。

作为过来人我当然理解，初入职场，放眼望去一派苍凉，我们什么都不是，什么都不会（至少是不知道），就连去厕所之前要带纸（因为公司经常不预备这些东西）大概都不记得。问题在于，出来走江湖，见人礼三分，同时还得做好自己的本分。别怕丢脸流汗流泪，这些都没什么。

不是我有年龄歧视，实在是，若你十八二十，公主病严重，我主动替你解释："哦，没事儿，你是公主病。那是年龄的关系，长大就好了。"

另一种公主病与年龄无关，而在于患病环境，又以理工科学校出身且在理工类产业工作的女性为尤。想想看，一个五十人的班级只有巾帼英雄三两朵，熊猫和白鳖豚的待遇也不会更好了。可是，外面的世界真不是这个样子的呀。有个八卦控的姑娘讲过一件事儿，她工作的电视栏目是国内知名的节目，所以想来此实习的年轻人自然如同过江之鲫。其中一个知名工科院校化学系出身的姑娘，在跟音乐系出身的小 gay 一起做事的时候吆五喝六指南打北。她不知道的是，在女生多如牛毛男生缺货如旱灾求雨的音乐系，以她的平凡姿容完全没办法得到男性的怜爱之情，何况对方不好这一口。终于美貌小基友爆发了："你 × × 的吃屎长大的！！"在演播大厅里，在许多明星走位彩排的时候，在化学妹暗恋的帅哥指导老师面前，瞬间一派死寂。

……

三十岁以上的公主病女患儿是所有社交场合的"海蜇"，遇到她，你唯一能做的就是在心里默数被蜇伤的次数。忍无可忍时，就是凉拌海蜇丝上桌的时候了。在童话故事里，公主总要想办法变成女王的，至少，也要做个女人。别以为做女人容易，你试试做做全职妈妈，光每天打理家务要跟五星级酒店看齐就能要你老命。你以为找个家政钟点工就可以指点江山光动嘴皮子吗？说得人家烦了不怕对方激情杀人啊？至少也在你的饭锅里狠狠吐几口浓痰！打理家庭跟管理公司一样，通通不容易。我认识个为了理想辞掉超金领工作去开咖啡馆的朋友，他说过一句话："能打理好一家餐厅，就能管好一家五百强企业。"

最惨的是有些患者的病情会持续一辈子。三十岁是公主病的分水岭，是从白雪公主到恶毒皇后的变形记，如果不能在时光中迎风自愈，就只能带着一身过气公主的尸臭成为众矢之的。你不明白为什么新朋未交到旧友已失去，你不明白人生为什么跟你高中大学和初入社会的时候不同了，那些愿意伸出援手的大哥好姐姐去了哪里？总之一句话，这个世界怎么了？

减肥症漫记

跑步是很私人的运动，在那里面，一个人的悲喜都被无限量地放大，然后独自一人默默承受。在一切绝望崩塌之前，在世界摧枯拉朽之前，那些挣扎和痛苦无非是妄图改变但是未遂的结果而已，这我早就知道。

早晨起床时，突然找不到眼镜了，这样一来我六百多度的裸眼犹如在一场平庸的生活中突然失去了倚以生存的谋生工具，这不是不辛酸的。

我有很多缺点，最明显的就是六百度的近视和两百斤的体重了。在我长成一个硕大磅礴的胖子之前，我并不知道世态炎凉以及自己命运多舛的尴尬。对自己，我谈不上喜欢，也谈不上不喜欢——在我发胖之前的确是这样。

身为超胖族的一员，我总面临着许多异峰凸起或悠然而来的状况，这些胖人独有的遭遇对大多数成年人来说并不会令人不愉，至少不会在事后留下阴影，然而在我长大以前，那一切都让人绝望。行动迟缓，目标庞大醒目，总招来异样且多少带有嘲弄色彩的目光；永远买不到合适的衣物，特别是足够肥的裤子。早晨跑操更让我一到跑操时间就精神紧张，生怕自己万一掉队就又会沦为全校的笑柄——这不是没发生过，更别提体育课上那些速度达标的项目了，100米、200米、400米、1000米、3000米、5000米，这些跟跑有关的项目我永远不能及格。为了照顾我们这个弱势群体，老师们总是睁一只眼闭一只眼，长跑只要坚持下来就算及格，短跑也能勉强达标。每当我沿着学校操场上用白石灰画的跑道蹒跚奔跑的时候，周围会立刻诞生一种气场笼罩在我身上，即无论我何时何处怎么跑，都有人笑话我，至少是长时间的凝视。

有时候，我幻想自己从未变胖过。一旦写下这句话，它对我来说，就如同一句永恒的箴言。我有巨大的美好愿望和过高的梦想，但每个人都拥有梦想。可人们（或我们）能否有力量去实现这些梦想？或者说，缥缈的命运之手能否通过咱们去一一实现这些梦想，或者愿望？

为了消除尴尬，我决心减肥。关于这个话题，我能想起来的，就是自己拖着两百斤的血肉之躯在操场上奔跑的影子，一步一步，慢慢腾挪。回忆我的减肥史，那里埋葬着这个胖子一半的青春，它将死在另外半个青春的手里。

在这么多年断续的减肥中，无数脂肪呼啸而来呼啸而去，但最集中的一次当属高中的那几年、我傍晚一个人亦步亦趋地跟随着操场上谈人生理想的文艺小青年队伍跑步的光阴。

跑步的时候我过于迷恋夜晚，像是要在黑暗中汲取养分。我高中的校园是一座很优美的园林，春夏的傍晚，曲径处暗香浮动，明月下树影婆娑。在这种良辰美景中，我没有古人谈诗弄酒的雅趣，只有挥汗如雨地跑步啊跑步。与其说跑步，倒不如说是为了完成某种使命似的，以跑的姿态慢慢挪动。凡胖人跑步，不外如此。

跑步是很私人的运动，在那里面，一个人的悲喜都被无限量地放大，然后独自一人默默承受。在一切绝望崩塌之前，在世界摧枯拉朽之前，那些挣扎和痛苦无非是妄图改变但是未遂的结果而已，这我早就知道。很多次，我一个人在偌大的操场上跑步，操场上只有我压路似的脚步和气喘如牛的呼吸。学校地处郊区，我常常在城市一隅孤独寂寞又心有不甘地遥望都市的喧嚣繁华，这让我想起了朱自清的那句话：热闹是它们的，而我什么也没有。为了对抗孤独，我发明了一种方法，即在脑子里演电影。

在想象中，无论我以何种角色出现，都逃不过武功高强、身轻如燕的职业定位，尤其是身轻如燕，它简直是居家旅行杀人越货馈赠亲友的必备啊——"但见对手一招渤海三劫浪迎面袭来，掌中还夹带数枚乌黑发紫的暗器，我沉着应对，'一飞冲天'之势拔高而起，又接连变换燕子三焯水、八步赶蝉等决定身法，终于避过那致命一击。"每每到此，我甚至会开心地笑出声来，引得同学侧目我也不管。可恨的是凡是这种复杂剧情，一天的跑操时间根本想不完，我只能暂时储存，等待下次再想。为了接续剧情，我做了一些卡片，上面分门别类地列举了武侠、枪战、警匪等几大种类，人物、地点、朝代都会事先安排妥当。从这个角度来说，我那时候已经具备了一个草台编剧应有的素质，真后悔没有发展下来。

在一个又一个故事之间穿越，我对此谨报以最卑微的热情，近似多重人格。我常常可以忽略这种臆想与现实之间的巨大差异，因为这一切并无实际意义，我不在意。我不在意反反复复地沉溺于这种不可言说的角色扮演中，其设定近似 RPG（角色扮演）游戏，但优于它，因为我只需动脑而无须动手——胖人都有惰性。我的故事大多源于当时看过的小说和武侠剧，甚至还有评书——单田芳、张绍佐、田连元，我都一一迷醉。我"穿越"的时间和地点既固定又随机，除了操场——我固定的发呆场所——以外，自己的房间、不喜欢上的课上、公交车上、走路的时候，等等，不一而足。剧情常常自成宇宙，英雄个个大显其能。最具救世主姿态的往往由我抢先扮演，其他不喜欢的反派有时候会偷偷按在不喜欢的人身上，比如地理老师、体育老师、有时候跟我吵架的前后桌同学等等，他们都有"出镜"的机会。在"小李飞刀"的故事里，我总是扮演阿飞，跟上官金虹和荆无命大战，最后险胜，可我没受伤，或者顶多受点儿轻伤。诸如梅疯子这样的特型演员我会安上班里最讨厌的那个同学的脸，然后自己再重编剧情，一定要狠狠地欺负他们，之后我才恋恋不舍地从脑海里繁复迷人的电影世界中跳脱出来。与此同时，我正跟随班级大部队在体育委员"一二一"的口号中亦步亦趋地慢慢跑着。这样一来，我不怎么咳了，至少不会喘得那么惊人。我长大后在某本书上发现了一种类似的心理暗示法，不停地将减肥无意化——在慢跑或者锻炼的时候集中心思想着别的事儿，最后减肥结果好得惊人。在拼命跑步的当口，我太累了就跟自己说："忍一忍忍一忍，马上就过去了……"那种气喘如牛时胸口的闷疼真是令我难忘，至今回想起来我都心有余悸。为了对抗肉体的劳累，我强制性地在脑海里导演电影，显示剧情，然后代入角色。谁杀了谁，谁救了谁，谁练成神功而谁走火入魔……这一切的编排就跟女生打扮芭比娃娃似的，永远乐此不疲。对我来说，这是好事儿，它让我无暇顾及跑步带来的剧痛。

现在我长大了，往日晨曦散落在记忆里，光辉已陨，不可辨认。对于身上沉寂多年的脂肪，我只能安静地等待，等待它离开我的身体，等待身轻如燕的那一刻，等到老，等到死。

你们看个球?

一般来说，女人跟足球没有半毛钱关系，除非你是足球宝贝。否则就算老爷们儿为了国安 AC 米兰阿根廷喊破天，姑娘们也都烟视媚行继续敷面膜追看《后宫·甄嬛传》和《全美超模大赛》。

前几天约了一坨已婚苦情闺密去苗圃买花，闺密一路号啕着讲了件自己的事儿，说和她结婚八个月的老公最近露出了狐狸尾巴，要跟自己离婚，更惨的还不是她本来算好了排卵期要怀孕，而是发现自始至终她才是小三，并且"正宫娘娘"是个特别不拘小节的男人婆！白居易的《暮江吟》是这么写的：一道残阳铺水中，半江瑟瑟半江红。可怜九月初三夜，露似真珠月似弓。简直是给闺密量身打造的，好惨好悲，也好想笑啊——因为让她老公现出原形的事件并不是常年周末不着家，平常应酬回来身上有口红印和香水味，或者爱干净到了令人发指的程度，而是……欧洲杯到了，他老公要彻夜看球，她死活不同意，老公一怒之下去了"正宫娘娘"家，她带着姐妹追杀过去，却意外地发现那两位看球的时候光着屁股、面色潮红……总之是社会新闻里常见的狗血事件，但是要拍成电影绝对看点十足。婚姻与家庭、小三与出轨、捉奸与足球，一个成功的好莱坞电影的基本要素全盘皆备，可惜吾等是无缘在大屏幕上看到身边的小团圆了。不过，我依然借此明白了一个道理，原来看球也能抢男人。

要不是足球，我闺密应该继续算着排卵期，掐表算点跟老公行房，先孕后产，然后光速在微博上关注"辣妈那些事儿""聪明妈妈就是你"等营销类 ID（账号），等半夜孩子睡了就上上婆媳论坛看看《家庭斗智指南》之类的成功学帖子，过着平静而幸福的生活……都怪足球！在鸵鸟心态下，她对欧洲杯的恨远超过发现老公的爱侣是个粗壮的前女足运动员，"反正男人都要出轨的，妈的老娘尴尬的就是跟朋友一起看到那俩货光屁股搂在一起，不然也没啥呀！我只是不服，他为什么找一个胸部比他还小的！"……欷歔欷。

不过据我所知，很多姑娘都不爱有肢体接触的运动，而更多的姑娘则压根儿不爱运动——健身除外，这是为了保留青春的美和肉身的性吸引力所做的投资，跟兴趣是没有半点儿关系的。如果爱运动，包养女大多爱优雅并能有效健身的运动，散发出无害气质。能让自己莫名散发出最炫贵族风的，羽毛球排首位，其次是游泳和网球，哦，还有难以启齿但贵妇们皆有之的跳绳，不敢宣之于口的原因也无非是怕被羞辱成一把年纪了还不服老。当然，也有若干重口味大姐是天生爱看拳击和摔跤的，家里电视每周有一半概率锁定河南卫视《武林风》，定期买机票去拉斯韦加斯看摔跤比赛——这样的大姐，好像都是一直单身的呢。

眼瞅着欧洲杯来了，足球寡妇又要祥林嫂大变身了，无数社区上空会有一种挥之不去的闺怨型黑云笼罩四野直达苍穹，而此事无解。一般来说，女人跟足球没有半毛钱关系，除非你是足球宝贝。否则就算老爷们儿为了国安 AC 米兰阿根廷喊破天，姑娘们也都烟视媚行继续敷面膜追看《后宫·甄嬛传》和《全美超模大赛》。但那些看足球的姐妹有多少是奔着龙精虎猛帅气逼人的意大利球员才看的球？有多少是发自内心热爱这个运动的呢？我只有困惑，只有怀疑。

我认识一些热爱爷们儿运动的姑娘，她们的共同点就是不那么时髦，会像傻爷们儿一样把 POLO 衫领子竖起来并且沾沾自喜，像是上辈子都是断头的天使，这辈子要用领子挡住那慑人的大刀疤——"Not fashionable."（这样不时尚。）Miss Lin 曾经冷艳地说过很多次。在碰撞型运动的族群中，崇尚肉体之美和朴实之美是另一种趋势，君不见有专门的军警交友网站和民工之爱 QQ 群吗？这足以说明"太时尚"是让女人翻脸的事儿，姑娘们是不干的。要稍微打扮，稍微干净，稍微撒娇，稍微魅惑一笑——比如贝克汉姆。多少个孤独寂寞冷的夜里，单身大龄女青年的梦想是干掉维多利亚，推倒贝克汉姆呢（一般是被推）？

还有篮球，呵呵呵呵，我猜它的气质没那么 man（雄赳赳）。你看那满坑满谷的篮球爱好者里，有多少是伸着兰花指投中三分球然后娇嗔着跟队友 give me five（击掌祝贺）的姐妹呢？还有排球——男同志的早期启蒙电影 Top 10（十大）包含了《人妖打排球》啊……至于那些真心喜爱足球的男女娘儿们，也不排除他们在内心把自己当球门的可能："我是守门员，你射我啊射我啊射我……啊……"

少花一分钱，幸福一辈子

简而言之，就是得哪儿抠哪儿、能省则省。这不仅仅是钱的事儿，当心理成本已经成为现代人最高的生存成本时，少花钱会让我们把剩下的心气儿用来好好过生活、爽爽混日子。

　　作为一个时间半自由的自由职业者，当接到这个题目的时候，我刚刚回到老家预备过冬过年。圣诞节之后的第一天，离除夕还早得很，因此机票有低到惊人的两折，比火车票还便宜。从这个角度来说，这样的选择无疑是少花钱照进生活的选择。比起大张旗鼓大鸣大放的环保主义，少花钱更多快好省地、细微地，并且潜移默化地改变生活。

　　要知道，除了严格意义上的环保主义者，大多数人对环保能做的无非就是节能减排，垃圾分类。然后？没有然后了。不是每个人都能成为绿色和平主义者，熟记各种环保名词，周末跟亲友组织阳光 party 大玩辟谷，靠日照生活。尽管如此，在如今名人不谈环保就变 low、路人不谈环保就成仇的大形势下，很多人，尤其是体面人、时髦人和场面上的人，不谈环保，只谈星座，直到这种社交活动漫长到 hold 不住了，以至于成了滚雪球。雪球越来越大，这禁忌也越来越多，理所当然地，形式主义大过天肯定会逼得无数男女面对这些严格的、宏大的、正襟危坐的环保形势大叫吃不消——真不是咱不环保啊，我有那工夫儿，跟老公看看电影亲亲嘴扇小三几耳光行吗？？都是过日子的，给个活路行不行啊亲！这时候，少花钱的好，简直自不必说。

About（关于）衣

说真的，尽管"男儿无丑相，只要功夫真"是硬道理，但我个人觉得，男人想要体面地征战 CBD，有时候你赢过同事的那根压垮骆驼的稻草，就是谁比谁更体面。就穿衣服这件事儿来说，好男人应该把钱都省给老婆和女朋友，不过，她们买名牌，你自己也不用穿破烂儿。英伦风是让男人在穿着上省钱的一大福利，想想看，当您从老爹衣橱里或从淘宝以及凡客诚品上买到款型古雅价格便宜量又足的西装、衬衫、帽子和尖头皮鞋的时候，同样的价格同事们甚至买不了一件鸿星尔克和报喜鸟。而且您就算真的穿着老爹在改革开放初期买的紧身小西装，那新旧莫辨的英伦范儿只要搭配合宜，人家也只会觉得您是复古潮男而非抠门 No.1。除了材质是纯粹的棉麻，您甚至可以选择一些款型上佳的中山装。若是策划型人才的话，相信我，朋克风和 hip hop（始于美国街头的一种黑人文化）路线绝对比不上这个。钱剩下还不止，还能成功改善自身的气场，苦情男白领一秒钟变身弄潮儿。我猜，同事穿七匹狼您穿 vintage，升谁，老板心里有数儿。这，大概就是少花钱时代衣服背后的奥秘。

About 食

对上班族来说，真心觉得吃中饭是人生最痛苦的事儿。出去吃？各路馆子稍微能做几个像样儿菜的，饭点儿个儿顶个儿人多。不行咱叫外卖？可即使身处美食之城长沙老饕最集中的马栏山地带，一想到中饭又要吃外卖，就觉得一时间万念俱灰民不聊生。何况，在地沟油横扫餐饮界的时代，老在外面吃，油盐太重，脂肪肝也摩拳擦掌等着来爱你呢。在少花钱的口号下，吃素和带便当简直成了长寿健康乐活的不二法门。王朔大爷说了，人长大了以后要是不会做几个合口味的菜，那就太荒芜了。现在微博上"周一请吃素"和"最美不过小饭桌"简直是乐活男女最爱的民生话题。下几个菜谱 App（应用程序），每周日晚上做几大锅"塔吉锅焖辣鸡翅""茄子炖鲶鱼""青椒萝卜拆骨肉""啤酒鸭",分好盒,用冰箱冷藏起来,每天上班的时候带一份,维生素则可以依赖上班起床后迅速榨好的一杯果蔬汁。在 CBD 中饭时间人家虎口夺食的时候,您已经迅速吃饱抹嘴休息片刻准备工作了,每周节省的时间至少可以多做几份策划案和 PPT(PowerPoint,幻灯片)了吧。别小看这个,年终升职加薪可就指着平日里的 360 度综合测评啦!

About 住

从来都觉得,要是一个人住得不好,人生至少有三成的时间是浪费了。这么想的人多了,不然中央二台的《交换空间》也不至于多年来长盛不衰——虽比不上快男超女,却也自有一片小天地。人长大了以后,出门蒲夜店这事儿就开始渐渐变得不靠谱儿了,可是不玩点儿什么,终究是意难平。但您想,要是把开趴体(party)出谋划策的劲儿用来捯饬自己家,那您简直就是坐着火箭奔向成熟心智人群。住这件事儿,舒服当然是首位的,但在整齐和干净的前提下,二手市场和祖辈留下的古董家具呈现出的老物件的美,简直无须赘述。我有个朋友,在附近小区拆迁的时候搜罗旧家具,硬生生拼出了一个家,民国四仙桌、做工优良的老箱子做茶几和沙发,坏了的大地球仪做书房灯罩,当然，墙上黄永玉的真迹才是画龙点睛。但算一下总价，是常规的三成不到。在少花钱的时代，把家弄成这样，才是真本事吧。

About 行

房价飙升的现在，买车反倒成了最可能完成的任务。不过现在大家都买车了，先不说节能减排这个词是不是变成了幌子，就说一到车流高峰堵在路上，膀胱憋炸都未必能前行一步。要不说关键的时候还是要坐地铁，不过人挤人气死人的现状您也未必受得了。我一个半年内成功减肥四十二斤的朋友告诉我，当他从自己的吉普车里出来，坚持每天上下班各走一小时的时候，压根儿没想到有一天能迅速加入微胖界——他原来一百八十斤。不过他最近不走路了，新买了辆凤凰老式 28 自行车，崭新的自行车让他每天披荆斩棘瞬移在该地的大街小巷，把跟老婆每个月的养车钱——刚刚好是一个初中生一年的学费和生活费——省下来资助贫困儿童。他说，就算这个钱没有捐出去，一年存下来，刚好去一趟马尔代夫，蛮好蛮好。

About 爱情

　　在韩剧荼毒生灵的时代，浪漫主义从女生的脑子里逆袭到男人的身上，不浪漫没有钱就不能恋爱，以至于让人感觉剩女瞬间云集找到好男人比春运火车站更火中取栗。而从少花钱的角度重新切入，爱情则又是一片云开月明。谈恋爱的时候，迅速集中资源买房买车，存钱好好过日子，这样的男女关系，也未尝不是突破浪漫主义爱情大局的全新之道。想在生活中找到韩剧男主那种爷们儿的各位，我也奉劝你们收收心，南橘北为枳，电视里的花样美男到了现实生活就成了发廊小弟，您愿意吗？至于情人节大家都买花和烛光晚餐什么的，咱能在当天开个淘宝店卖花帮人组团吃大餐吗？女友过生日，是买九百九十九朵蓝色妖姬还是默默存起来把它变成一张 "0.1 平方米新家宅预存卡" 送给对方？说起来，我真心觉得后者比较浪漫。能希望你生活好一点儿的男人，才是真正的好男人吧。别觉得这样不体面，少花钱时代下的恋爱要换个法儿地谈，毕竟三千大道通彼岸，省钱夫妻档们参的欢喜双修禅，没准儿能让人家自己如沐春风身心荡漾呢？

About 职场

这几年，成功学和职场厚黑学的书在各路机场书店简直成了装点门面的春节对联，没有它谁都觉得缺点儿什么。什么《潜伏在办公室》《上班奴》《80 后职场女生 36 计》，您要说一句"没用"，不用作者和出版社出来接茬儿，读者的眼里也不容您这粒海底沙啊。问题在于，即使有用，有多大用？不管怎样，都有股子《金枝欲孽》的 low 味，而且费心费脑。话说回来，在少花钱的定义下，混好职场只需要夹着尾巴做人、昂着脑袋瓜儿做事，这永远是没错的。老一辈人一早说了："说话要和气，出入要小声。"要是您已经学了职场排山倒海大招儿，准备见谁灭谁跟人吵架，那还是赶紧调到少花钱模式下吧。您自己的能量都被这些无用功消耗了，值得吗？就像大家组队打网游，人家都一门心思刷 boss（网游中最难打的怪物），就您跟各路小鬼纠缠不清，最后死也死了，还被人说一句"缺心眼儿啊！这点儿事儿都看不穿"，不亏吗？

About 设计

这个时代，装置艺术家和服装设计师们都开始绞尽脑汁地把物料加工或用现成的东西替换。就当下的消费情况来看，咱真的不需要生产任何新东西也能维持自身生活的良好运行了。说白了，能把旧物利用好，给子孙后代留条活路，简直是当下设计师集体关心的焦点。毕竟，谁也不想让 2012 末世论成为现实——你以为你能抢到船票呀！虽然极端的日本科学家已经发现了把大便回收并重组成肉食的方法，但即使不用这么极端，现在地球上能够一直用下去的东西，也绝对比新生产的多。

About 休闲

按理说，我是不应该提倡抽烟的，毕竟这是个少花钱的方法。但对老烟枪来说，一下子戒烟，恐怕只能发生体重暴增和焦虑症的惨剧吧。过渡阶段，您能抽什么？我的建议是卷烟。人在江湖漂，全靠演技飙，人手一盒中南海点 1 点 5 点 8 的时候，您从包里默默拿出卷烟铁盒，平静地给周遭所有人一一卷根烟抽，想要一秒钟 hold 住全场你还等什么！！如果成功戒烟，周末节假日跟朋友的组局，也大可做一点儿"后备厢换宝创意集市"之类的事儿，这不仅能让现成的东西物尽其用，还能让自己的社交领域拓展到完全不同的层面。女生的话，长辈们一边织毛衣一边嗑瓜子的场景，你们还记得吗？上一季爱马仕的天价妈妈款毛衣的前车之鉴，想必更能给您的日常生活带来神谕一般的启示。

The End（尾声）

理所当然，到了2012年，在度过甚嚣尘上末世宿命的年关之后，大家的日子不仅要过，还要过得跟往时往日有点儿不一样——总得越来越好越来越舒坦体面吧？所以，不仅要提倡环保，还要把少花钱见缝插针地提上日程。两者的区别在于，后者更细小，涉及面更广，更容易被效仿、传播，与生活的接触面更广。本文所提到的少花钱，涉及衣、食、住、行、爱情、职场、设计、休闲八个方面。简而言之，就是得哪儿抠哪儿、能省则省。这不仅仅是钱的事儿，当心理成本已经成为现代人最高的生存成本时，少花钱会让我们把剩下的心气儿用来好好过生活、爽爽混日子，以及，还能把环保变成捎带着搭把手就能拯救地球母亲的事儿，这远比动辄喊口号结盟对我等肉身凡人来说更适用吧。

一万条不想上班的理由

很多时候换工作，都是麻袋换草袋，一袋（代）不如一袋（代）。
再者说，看了包括《非你莫属》和《职来职往》这些刺刀见红的求职节目以后，你还敢轻易离职吗？

　　我猜这是自然规律：上班族到第一个五年和十年，即使何等不甘心，也都得进行人生命题的选择。上一轮的前辈能量方兴未艾，下一轮的后浪小崽子已然摩拳擦掌。"要么死，要么滚。"这是我在电视台工作多年的好友一边翻白眼儿吃凉面一边说的狠话，那时候她的栏目正在改版，准备以头撞山，狠狠地跟某几个同类型节目同时段 PK，她已经三个月没休息过一天了。

　　不过那又怎么样呢？在熬过职场新丁的前一二三年后，很多原本听起来顺理成章的辞职理由都变成了屁般散去的浮云——太累，太苦，太熬人，太劳心，找不到对象以至于没感情生活和性生活，家里太乱，不能旅行，没时间跟猫狗兔子一起玩，没时间逛街只能抽空逛淘宝但显然变成了报复性消费，上司是傻帽儿毒妇骚货或色狼，上班的地方太远，待遇太低，不过劳死是我命大，等等等等。如果坚持要数，一万条也不为过。

很多人在预备离职的时候会用极端不靠谱儿的随机理由安慰自己——我想看书，学习，学古琴，学油画，学弗拉明戈舞，学烘焙，学做陶……这些大概都是从屌丝到 loser 转换之间的关键桥段。还有觉得老板丑所以要辞职的，我也不知道说啥了，你还是去电视台或者歌舞团吧。

可你又不喜欢斯文保守的，那只能去时尚杂志。然而你讨厌 gay 和物质女孩，对不起，你只能去终南山归隐。哎呀呀，你又怕孤独寂寞冷，那你只能抱团转圈滚了。

我向来觉得，做人难，做职场人更难，做一个靠谱儿的职场人简直是难上加难。刚工作的时候，跟上司吵架会成为辞职理由，因为谁都不是你爹妈你兄姐你老师，为什么要迁就你？你当然可以当他是傻帽儿，但傻帽儿是管理你的人，你得服从，不然就饿死。不能收敛自己的脾气，就会默默结下若干仇人。虽然李寻欢（那个大侠李寻欢）说："仇人多了不怕，朋友多了，倒是要防一防。"但更多的人，仇人跟爱人的数量是不能大于或等于的，这似乎揭示了世界的某种征兆。爱比死更冷什么的，都是过去的事儿了，光我自己写这个句子，就让熟悉的朋友听到耳朵长茧了，可这是人民意志与人民本能毫无可能妥协的原对立，都是屌丝，谁比谁屁股干净？我有很多仇人，我相信，很多人都有很多仇人，但仇人以外的世界真是广袤无垠。如果因为仇人而换工作或者负气辞职，我跟你说，到后来后悔的是你，得意的是他。这是我血的教训。

很多时候换工作，都是麻袋换草袋，一袋（代）不如一袋（代）。一旦工作断档，之前的履历就算顶天，再拿出来顶个屁用呢？好多预备辞职的白领终极目标就是开咖啡馆、书店、酒吧，可是……若不是天生善经商，抑或已经赚到随便赔我也不心疼的地步，但凡是做这几件事儿的人，事后都得悔掉大牙、悔不当初。你说这个钱用来吃喝玩乐不比辞职强？

再者说，看了包括《非你莫属》和《职来职往》这些刺刀见红的求职节目以后，你还敢轻易离职吗？下一次，下一回，谁知道你会不会变成一摊烂泥面对人生顺流而下，被所有人踩在脚下呢？看到这儿，你大概也明白了，我是劝你要上班，再苦再累再掉泪，工作也是最公平的事儿，你付出多少，就得到多少，它比爱情和文青拼死一搏的梦想生涯靠谱儿多了。也许以后我要写一篇《一万条不得不上班的理由》才能说服你，但等你……的时候，你的宿敌们会冷笑一声：这个傻货，该！

有些爱，不做不寂寞

爱是太奢侈的事儿，性，也渐渐变得身娇肉贵起来。也许每月一次就好，或者两次？她这样想着，便更加用力地抱紧蚕丝被，从眼角缓缓滑下一滴泪。

爱是什么？距离上次恋爱已有数年的她，越来越困惑。

她过了十八岁了，也早就不是二十二了。她已经是个被问及年龄时会反问你猜我多大的妇人了，离婚，单身，女儿在外地上大学，身材发福，收入平平，无处不充满被男人离弃的特征。就这样，她依旧对爱与性充满渴求。爱是太奢侈的事儿，性，也渐渐变得身娇肉贵起来。也许每月一次就好，或者两次？她这样想着，便更加用力地抱紧蚕丝被，从眼角缓缓滑下一滴泪。

她不是钢铁城市中特立独行的人，从来都不是。对于生活，她不过是想要一个完整的爱、一个潮热的性，假若能够二合一的话就最好了。但这个似乎是最奢侈的，她不骗自己。她怀揣着的悲哀与苦痛，是同一批郁结族群所怀揣的其中一个而已。她不是没试过一夜欢好，可是仓促地与男体结合，干巴巴地完成"活塞运动"，他难以自已的时候，她却无聊得要死，难道要看杂志解闷吗？

刻薄一点儿说，所谓熟女的爱情，就恰似天雷撞到地火瞬间的那一团小火花落在了实处，不过是，想搞而已。但即使将之说成最不堪的事儿，也仿佛是她上辈子的事儿了。她寂寞的时间跟身边所有姑娘的一样长。一个姑娘曾经哀叹兮兮地说："这个世道，正义与邪恶只在一线之间。"事实上，这句话在别的领域依旧通用，例如在床上。女人的生活中少不了男人，闺房之事更是如此，难道要望金瓶梅止性饥渴吗？

可高潮也不能解决任何问题，除了性饥渴带来的大问题。匆忙的高潮实在让人绝望，那个人穿上了衣服，那个人临走前说"你好好休息"，那个人关上了门，那个人再也不会见面。在梦里欲里，你是女巫是游鱼，可是激情退却的那一刻，谁用湿纸巾擦拭你的身体？又有谁轻轻地拥你入怀，吻你的额角眉梢告诉你"现在你的模样真像一只乖巧的小绵羊"？当性作为齿轮开启坦荡直面人生的那扇大门时，就再没有什么广义的礼义廉耻可言。您不能要求打炮和打羽毛球用同样的语气交谈吧？那您该媚形于外还是假作娇嗔？这还真是个大难题，除非您身怀绝技，不然只能乖乖认栽吧。

你以为高潮能够解决一切，但那最后的体液只会让人幻灭。虚无、孤独、冷被窝儿，能解决这些的是男人而非做爱，女人们无论在社会上做什么，最后遇到的无非是男人。这是张爱玲奶奶活着的时候说的，她的情事被一个男人写成了书，她的遗作被另一个男人 show（展示）给了整个世界，张奶奶天上有知，不知会否冷冷地撇开右嘴角呢？

把做爱当作恋爱，就跟把枸杞叫作水果、伟哥一样，东西还是那个东西，意思也还是那个意思，可就是多了让人啼笑皆非的穷酸劲儿，到底意难平——她要千里婵娟，他只一夜偷欢。她看着他的时候觉得自己很低，低到尘埃里，再也不能够更卑微了。男人和女人的博弈，到最后也还是较量谁更爱谁，气势如虹的那一个一定占上风，让对方躲不开、忘不掉。台湾某节目里有个姑娘说，自己每次去跟男友吵架前，都会化最浓妆穿华服，用锦衣夜行的心去爆发自己的爱情小宇宙。无论如何，不能在气势上先输掉，这大概是女人潜意识里给自己打的鸡血。可是鸡血打多了，就跟那句顺口溜似的——鸡血青年过马路，鸡屎拉一裤，捡张糖纸擦屁股，越擦越黏糊。

四十七岁的苏珊大妈在英国达人上唱了首歌，大火。不知道《立春》里的王彩玲有什么感觉，说实在的，能够用歌声赢得爱情，也算是本事。甭管男女，一辈子没有一次对 TA 来说重要的爱，还真是个大缺失。苏珊大妈参加比赛不过是为了找个男人，实现人生的初恋并交出初吻，现在数以百计的男人向她示爱，也算是让她得偿所愿。可是这些男人到底是冲着她去的，还是她身后滚滚长江东逝水般的钱，又是张叫人不忍心戳破的窗户纸。这样的烦恼同样适用于中国的姑娘，自己条件差点儿，怕受对方欺负，条件好点儿的，又怕对方图的不仅仅是人。那个上得厅堂下得厨房进得卧房的 Mr.Right（如意郎君），那远去的人儿，怎么不见了？像昨天一样，像在梦里一样，他们随风散成了黑沙子。

在感情和性方面，做一个好姑娘比做坏女孩儿更有前途。驰骋在好姑娘这条路上，大可在疲累的时候稍稍放纵一下，让自己体会刺激和惊喜；可笃定做个坏女孩儿的话，鲜少会有靠谱儿的事儿让人觉得兴奋，于是只有拼命挑战性极限，最后像腐肉和咸鱼般坠落深渊。

样板生活

Born to be an example!

下卷

走向幸福的路向来泥泞满地，
如何能在天生的沼泽之地仰望星空？
有人脱颖而出，
他们后来当了明星和大明星，
在夜晚，
那样的光芒也会偶尔替代灯塔来指明方向。

Lady Gaga：天生一个好娘儿们

在她的音乐里，有一种莫名的拙态，而那种粗拙感珍藏着更有价值的时间感。
太过簇新的东西总让人有种奇怪的羞愧。

倘若开始精分 Lady Gaga 的粉丝属性，那么大致会有以下几类：有些人因为她的音乐，有些人因为她的才华，有些人因为她的造型，还有些人纯粹因为她是 Lady Gaga。每一身 Lady Gaga 的造型都以善用原材料而让人愈加相信万物有灵且美的道理，在音乐被肯定之前，时尚圈已经优先认识了嘎嘎姐的美。我们先读了爱情小说，再与爱情喜相逢——看吧，人总是在别处先行验证心爱的好。

顺便说明一下，Lady Gaga 的新专辑叫作 *Born This Way*，我个人偏爱她那首 *Hair*，"这就是我的祈祷，我宁死也要活得像我的头发一样自由"。能像头发一样自由像鸡毛一样飞其实不是件容易的事儿，仿若谈及此类话题便瞬间想起中学时留寸头雕五星后被父母怒击脸颊的人还是在少数吧。关于这首歌，嘎嘎姐说："我非常非常喜欢这首歌曲。当我还是个小孩儿的时候，我经常走到妈妈爸爸住所的楼下，但他们总是会说：'回到楼上去，梳理一下你的头发，换了那些奇装异服，你不能穿成这样出去。'而我每次都觉得他们是在否定我的身份。但我还是觉得我的头发是我的闪光点，也是我唯一能去改变的属于我自己的东西。"

玛丽亚·凯莉老肥，惠特尼·休斯顿毁嗓，在一片尖利与仓皇中间，横空出世的嘎嘎自来带着股女王之气。麦当娜之后，布兰妮、格温·史蒂芬妮都被媒体寄予厚望成了天后接班人，直到 Lady Gaga 出现。作为音乐人的嘎嘎和作为歌手的她同样出色，而值得一提的是，在受到万众瞩目之前，她一早因创作才华为布兰妮等大牌歌手创作了多首走红歌曲。

而嘎嘎的音乐乡关何处，亦是个谜题。在她的音乐里，有一种莫名的拙态，而那种粗拙感珍藏着更有价值的时间感。太过簇新的东西总让人有种奇怪的羞愧。如果从成功学的路数来看，其实 Lady Gaga 的音乐完全是励志标兵嘛，*Telephone*，*Just Dance*，看吧，为了纪念狗屎一样毫无作为并一无所得的人生，只能好好活着，且活得更好。

Lady Gaga 的音乐具有一种天生的浪化能力，能让居住在听者心里的野兽夺栏而出，最后被妖孽附体。如果仰望星空太过频繁导致孤独症泛滥，那嘎嘎让你不用踮脚也能寻找到欲望的美好。棱角脸和猫眼加上胸部貌似奶嘴儿的尖钉，天主教学校毕业的嘎嘎姐无论外在如何野草闲花野欲横流，内心还是个保守的姑娘。您想想，白羊女，再叛逆能叛逆到哪儿去？以前在一个采访中，嘎嘎姐说："每天早晨我醒来以后都觉得，我跟别的二十四岁的丫头片子没啥两样。一旦这样的念头出现，我就会狠狠抽自己几个大耳光，心说：'闭嘴你这个贱货，你他妈可是 Lady Gaga 啊！'这样一想，就立刻满血复活起来。"瞅瞅，有时候励志就是这么不期而遇，甭管是心灵鸡汤还是心灵鸡血，必要的时候管用就成！

显然喜欢嘎嘎的人跟讨厌她的人一样多，但这一点儿都不影响她变成一个更加强大的烈女子。最近的福克斯名人排名中，嘎嘎超过奥普拉·温弗瑞成为最有权力的名人，这一方面跟她的粉丝数量有关，但同样也跟她善用 Facebook（脸谱网，一个社交网络）和推特不无关系——那些微博上一天到晚写着微博营销和品牌推广的人可以去死了，嘎嘎姐不仅唱歌，连炒作都比你们擅长。这些和那些，各种原因组成的现在的 Lady Gaga 不是一个人，她是呼啸而来的战争女士、天生一个好娘儿们。不喜欢她是不对的，因为有些人，一旦错过，就不再。

Adele：人肥心纤细

在"天籁"一词被选秀节目糟蹋到尘埃里之时，Adele 唱的是滚滚红尘中饮食男女的爱。是的，爱人如你。能在爱中保持一颗赤子之心，无挂碍地享受爱情的苦与甘美，这何止不容易？

第一次见到 Adele 本尊照片，我险些被吓到摔跟头，跟 19 那张专辑封面照差别之大简直是梅艳芳与梅兰芳的区隔，我只能说，她是个实力派歌手。但一个二十一岁的女孩儿只被称作实力派，要是我的话，大概会当众翻脸吧——您才实力派您才创作歌手您全家全小区都是音乐家！话虽如此，创作型的情歌歌手向来走的是伤敌一万自损三千的路数，正如安迪·沃霍尔说的，我从来不曾崩溃瓦解，因为我从不曾完好无缺。对一个二十一岁的女孩儿来说，所有的同龄女孩儿都会期待自己像春树的那句口号一样，"我艳若桃李，我美若冰霜，我谁都爱，我谁都不爱。"遗憾的是，人生长恨水长东的事儿总是每天发生，所以女胖子写了 *Someone like You*。爱人如你，甜过初恋，痛过心碎，这是用肉和泪写就的失恋情歌，找个像你一样的人，在你婚后，在一切消失以前，在一切结束之后。Never mind, I'll find someone like you. I wish nothing but the best for you too. Don't forget me. I beg I'll remember you said: "Sometimes it lasts in love, but sometimes it hurts instead."

所以慧多福薄，有情即苦。慧多福薄，是因为无情；有情即苦，是因为不慧。很多演艺圈的胜者身上其实都有难以摆脱的苦逼气质，国外有 Lady Gaga，国内有那谁谁谁，而 Adele 并没有。肥胖的身体、姣好的容貌、老女人的唱腔、大怨妇的灵魂，每一样都棒极了，且一切苦情的元素在她身上都并不沉痛，反而跟如释重负似的。同样的歌手我想到的人是叶德娴，荣臻威尼斯电影节影后的叶德娴、歌影双绝的叶德娴。她并不年轻的时候唱过《倦》，这个名字是当年林燕妮的同名散文书，由林燕妮弟弟林振强撰写成词。在曾经一段我失意的时候，叶德娴与卢冠廷合唱的《快乐老实人》让我血仍未冷。在那段时间之前和之后，我都一直笃信与人无害的生活。我相信即使在不公平的前提下，我也能生活得还不错。胖并不是原罪，如果你因此假意原谅她的错，那饕餮呢？原谅她你会开心吗？开心的意思是，把心揉碎了放到不同的人身上吗？

看看 Adele 的成长经历：1988 年 5 月 5 日出生的金牛女；自我描述的音乐风格为"伤心的灵魂"；是第一个英国音乐奖影评人评选出来的音乐人；获得第 51 届格莱美年度最佳新人和最佳流行女歌手奖；喜欢写

诗，歌词写得很美。Ella Fitzgerald、Etta James、Suzanne Vega 和 Jill Scott，甚至 Joss Stone，她们的特质都能在 Adele 的嗓子里听到，她翻唱 Bob Dylan 的 *Make You Feel My Love*，听起来既美好又有年代感。她是继披头士乐队之后第一个成功进军美国市场的英伦歌手。她胖，暴食，抽烟，不爱运动，讨厌别人上下打量自己的肉身，但她还是成功了。她的歌声中，确实有伤心的灵魂。在她的某一段演唱视频下，有人留言说："即使一句都听不懂，我依然哭了，真奇怪不是吗？"

所以，其实 Adele 的成功是个励志故事，即使抛开美貌、家世与一切喧嚣，在纯粹公平竞争的世界里，也会有人凭借自己的真本事活得不错。在"天籁"一词被选秀节目糟蹋到尘埃里之时，Adele 唱的是滚滚红尘中饮食男女的爱。是的，爱人如你。能在爱中保持一颗赤子之心，无挂碍地享受爱情的苦与甘美，这何止不容易？

对歌手乃至所有人来说，保持内心纯洁是一件困难的事儿，更困难的是在享受成人野欲时依然保持一颗清洁赤子心。多年前我看《亵渎》时，最喜欢的便是艾菲儿，她跟罗格随地行房尽情云雨，但依旧保持一颗少女纯真的心。自那以后，我觉得放纵仅是认识世界的一种途径，且无排他性。这意味着，即使不再装纯，也依旧能在沼沼泥潭中仰望星空。

尽管在声色犬马的影音世界里，太多男女努力展示 TA 的放荡却与世无争的欲壑横流，但事实上，每个人的心都是多棱多面的钻石与水晶，即使你把大的一面打磨到最大并以之示人，也依然有为人所不知的另一面。我知道很多人喜欢单纯专一朴素的姑娘，但每个看似游戏人间的萨曼莎，身体里依然住着夏洛特，相反亦然。待到重阳日，便是还魂时。Adele 的歌曲连成一气，描述的是一个爱的世界，完整、圆润、爱恨恢恢。从前的从前，地球的某个角落里，正如同其他无数不须详述的破地方一样，一个钢铁丛林、人声鼎沸却无情的破地方，抬头碧空如洗低头人面全非的犄角旮旯，一个有人无爱会死、有人爱之多余每到红处便成灰的杂牌 CBD，渺渺无情，每天有众人进去出来，谁还会记得什么？无非是为了生计而挣扎，如今只留下石头和盐柱。也正因此，即使在爱情中遭遇不堪、失落、沮丧、骗局和无望，她的音乐依然对恋爱保持纯正且崇高的信仰，她相信爱情存在、爱人美好、万物生长。

在她的肥胖肉身里，有一颗像金线莲一样纤细的心。她知道一切势必过去，但人们的回忆，她将永远封存，莫失莫忘。

Super Star 梅兰芳

京沪双城之于梅、孟，既是爱情产生之处，又是爱情幻灭的城。梅兰芳是伶人梅兰芳、巨星梅兰芳、艺术家梅兰芳，但他始终不是个好情人、好丈夫。他对得起周遭所有人，唯独负了孟小冬。

兰芳·梅作为一个作古的享誉地球的中国传统艺术代表人物，在各种原因的作用下多年来一直孜孜不倦地与世界文化尤其是西方文化死命碰撞，企图碰撞出火花用以燎原，烧出个 Mix Act 的叫花鸡。他成绩斐然，连在好莱坞摸爬滚打了好多年的严歌苓女士都为凯歌·陈操刀写了传记电影《梅兰芳》，尽管肥胖黎明的出现与少年、童年梅兰芳饰演者之间的差距，犹如林黛玉与刘姥姥、潘金莲与王婆婆那么大。另外插播一句，里面成年梅兰芳没跟王学圻碰面的原因恐怕是导演心知肚明演员之间的水准差距过大，怕呈现出一番《大师和玛格丽特》的奇景而为之吧。

出生于 1894 年 10 月 22 日的梅兰芳，既不是天蝎座，也不是天秤座。位列这两个星座的交会处让他具备上天赋予的好皮相和过人的艺术天分。齐如山放在现在怎么着也是个华谊天娱了吧,至少也是个朱天文那样的好编剧。天秤和天蝎,都是暧昧高手。如果要求证梅兰芳天赋何来,也许星座学能说明一二,因为很多年后有个叫李安的导演,生在10月23日。李安也红在好莱坞,并且得过奥斯卡。

很多演艺圈的胜者身上其实都有难以摆脱的苦逼气质,国外有费雯·丽,国内有章子怡,而他并没有。扮相、唱腔、身段,每一样都棒极了。倘若把流行音乐拿来类比,现在世界上 pop music(流行音乐),我猜也就碧昂斯能有点儿梅的影子,长得美唱得好舞蹈棒极了,而且还有世界上最棒的编排,但她又能红多少年呢?

梅兰芳应该是第一个插入好莱坞的中国巨星。我看过一段他的影像资料,说英文,口音生涩,但是在当时,Doctor Mei 的风华简直横扫中华大地。尚小云、程砚秋也是一代名伶,但都比不过他。究其原因,"梅党"居功甚伟,但他们都是存款后面的0,他才是那个数字。他变成巨星,并且走的是出口转内销的路子,今人周润发、李连杰亦是如此。而巨星过身此去经年,他爱过谁、恨过谁,旁人无从知晓——可他确知自己已踩过的沟沟壑壑幽暗小径,统共都是谜。Super star(巨星)最了不起的成就之一,就是经过很多年,他们终于变成了他们。

艺术梅兰芳，不过齐如山

梅兰芳的表演里几乎涵盖了大部分京剧女口的角色，青衣、花旦、刀马旦全盘混搭，唱腔、念白、舞蹈、音乐、服装每一点都有出奇制胜的法宝，想想看今时今日，还有谁能如此这般呢？中国的王菲加上美国的 Lady Gaga？不成，因为梅的服装以美闻名，Gaga 则胜之于怪。想想看，可能还是王菲。梅兰芳的粉丝越来越多，且愈加固定，渐渐滚成了"梅党"这个雪球，每逢演出梅兰芳必在前排给他们预留一排座位，时人称之为"梅党"，其中最知名的人物就是"钱口袋"冯耿光和"戏口袋"齐如山。

基本上，谈及梅兰芳的艺术进程，齐如山是个怎么躲都躲不过的人。"赏梅勿忘齐如山"，我不知道这句话是"梅党"自己说的，还是从来就有的。总之，看到这句话的时候，我觉得还挺那个的。因为"梅党"，所以梅兰芳。梅兰芳之所以成为梅兰芳，身后的"梅党"是一个极其重要的促进因素。

对齐如山来说，梅兰芳是他一生中最重要的作品。他俩之间的关系并非常态的达官权贵结交伶人，齐如山与梅兰芳书信往来两年有余方才见面。旧式读书人，大都自爱，或者也可被称作职业歧视：与戏子厮混的，哪有什么正经人呢？何况齐如山出身文人世家，自幼博习古代经史，十九岁进同文馆学习德文和法文。路人皆知官宦世家子弟与戏子交往，绝非正经营生。

距今一百年的 1912 年，齐如山在看过梅兰芳的《汾河湾》后，写了一封三千字长信，谈了艺术感受和改进建议。粉丝写信给明星，是太平常不过的事了，但两周后复演，竟是"我怎么说，他就怎么改"。从此，梅兰芳演出次日，便有齐如山长信而来。两年写了一百多封。然而齐如山恪守礼节，并未与梅兰芳私下长谈，直到 1914 年春他才到梅家拜访。

那次拜访梅宅，他对梅的忌讳一扫而空。"梅兰芳本人，性情品行，都可以说是很好。而且束身自爱，他的家庭、妇人女子，也都很幽娴贞静，永远声不出户，我看这种人家，与好的读书人家，也没有什么分别。"从此，多了个"戏口袋"，少了个齐如山。

齐如山之于梅兰芳，就像罗瘿公、翁偶虹之于程砚秋、陈墨香之于荀慧生、清逸居士之于尚小云。当时正是依靠幕后的文人创作团队，"旦角"才超越"生行"成了京剧中的主角。

齐如山为梅编写的新戏者众，据他回忆录上所撰，《牢狱鸳鸯》《嫦娥奔月》《黛玉葬花》《晴雯撕扇》《天女散花》《洛神》《廉锦枫》《俊袭人》《一缕麻》等数十部。徐城北所书《梅兰芳十九章》谈及齐如山，说他帮梅兰芳改（或写）本子，帮梅兰芳排演昆曲，他居然也穿上戏装，一招一式地"与梅共舞"。就现在而言，我认为齐如山爱梅兰芳，爱他，犹如爱一个幻觉，爱一个影子，爱自己最得意的作品，也是爱自己。

　　因为深爱，所以执拗。齐如山只关心美与灵魂，他想要梅兰芳变成神。但他怎不想想，这时候梅兰芳已经是梅大爷，他要养家糊口，也要承担戏班全部人的生计，且梅兰芳关心时政，对于国事自有心中的考量。九一八事变后，梅兰芳要去上海，齐如山则希望他留在北京。在这一场博弈中，梅兰芳听从了"钱口袋"冯耿光的建议。这位赫赫有名的冯六爷是"梅党"另一个重要人物，若说在梅兰芳这个栏目组齐如山作为导演的身份无可动摇的话，这一次，他输给了制片人冯六爷。暮年梅兰芳忆及冯君，写道："我少年的时候，很多人爱我，但无人知我，唯有六爷，爱我，又知我。"唯物主义终究战胜了唯心主义。自此，齐如山没有再见过梅兰芳。在写给梅兰芳的信里，他说："我从民国二年冬天给你写信，至今已二十年了……我大部分的功夫，都用在您的身上……您自今以前，艺术日有进步；自今之后，算是停止住了。"堪称字字血泪，是控诉是委屈也是不服，但从此，京剧梅兰芳，究齐如山而不过。

　　很多年过去了，在台北的齐如山听说了梅兰芳的死讯，在家中挂出了梅手写的中堂，每日睹物思人。两百多天后，齐如山死于台北。

　　显然，每一个人听说梅兰芳的通路都是不同的。齐如山与梅兰芳是否纯属君子之交？抑或是明星推手与自己产品之间纯然的商业关系？我的疑问在于，就一个男旦而言，倘若放在今时今日，宣传期四处上时尚杂志，齐如山更愿意梅兰芳担任哪一类杂志的封面人物呢？是上《时尚先生》，还是《女友》呢？难道是《知音》？

为写这篇稿子，我找了很多齐如山的资料，其中包括齐如山在梅兰芳过世之后所写的《梅兰芳的为人》，先摘录若干以证上文——

梅兰芳逝世的消息传到台湾，当时我就接到了五十几处友人的电话，诸君知道我与他的关系，所以如此关注，自极可感。我同梅兰芳五十年的交情，在一间屋中，共同用功工作也有二十几年之久，对于他的性情品行，知道得相当清楚。所以知道得清楚者，不只因为相处甚久，而且也曾经详细留神，严格地审察过。为什么要这样详细审察呢？这无妨连带谈几句。吾国社会中有一种传统的思想，以往不必谈，明清两朝，几百年的风俗，凡是正人君子，都不肯与戏界人来往——尤不敢与唱旦角的熟识，免招物议，所有与戏界来往者，都是纨绔子弟。倘某人与他们稍为亲近，则亲戚本家便可与某人断绝来往，一直到宣统年间，这种思想，还仍然存在。也无怪其然，因为明清两朝的法律，凡唱戏人的子弟，不但不许做官，且三辈不准考秀才。彼时不许考的人，不止唱戏的，还很有几类，如衙役、妓女、剃头师傅等等都不许考。其实这并不新鲜，隋文帝十六年定制，工商不得仕进，此见过正史的。不过是朝廷待他们如此，就无怪社会鄙视他们了。我虽不以这种制度情形为然，但亦不愿冒众人之不韪，所以最初与戏界人来往，尤其旦角，也非常小心，此我所以对梅要详细审察之原因也。所以我在宣统二年，就认识他，但无来往，只是看了他的戏，给他写信，发表我的意见，大致总是说，该戏演得某处好，某处不对，应该怎样演法等等的这些话。最初写信，不过好玩的性质，他彼时已很有名，对于我这一位不十分相熟的外行的信，不见得能够重视，没想到下一次再演，我又去看，他完全照我写的改过来了。这一来，把我的兴趣引起来了，以后写过七八十封信，他还都保存着，有一部分，粘在册上，存于国剧学会，最初第一封信，是看过《汾河湾》写的。

我自民国二年以后，便天天到他家去，然不过谈谈旧戏的规矩情形，没有给他编过戏，意思就是我要看一看他，是怎样一个人。他演戏的天才，自是很高，然倘人格不够高尚，也值不得帮忙。因有两三年以上的工夫，所以察看得很清楚，不但他本人，连他的家庭也都很好。从前社会中的议论，大多数的人，都疑惑戏界家庭，不够高尚，其实我同戏界家庭有来往的很多，看他们都很安闲清洁，绝对不是大家想象的那种情形，不止梅兰芳一家。若说戏界有不够高尚的人，自然也难免，但哪一界没有呢？在那个时期，恐怕政界的人，不高尚的，比戏界人，还多得多。自此之后，我才决定帮他的忙。最初替他编了一出《牢狱鸳鸯》，一演而红。又编了出《嫦娥奔月》，不但替他设法创制古装，且为他安了舞的身段。因为既创出古装，就一定要编几出《红楼梦》的戏，第一出即《黛玉葬花》。这两出戏，一因是古装，二因有舞，于是大红而特红，每次演唱，必卖满座。其实叫座能力，所以那样大者，固然因为是新戏，也确是他本人叫座能力特别大，只这两出戏，到上海每次，就赚了三万多元钱。一次我二人闲谈，他颇有想送我一笔款，报答我之意。我说您不必动这种脑思，向来外界人对于戏界人，约分两种，一是在戏界人身上花钱的，一是花戏界人钱的，我们二人，是道义交，我不给您钱，也不要您的钱，只是凭精神力气帮您点忙而已。后来又有一次，他同我说，我的声名，可以说是您一个人，给捧起来的。我说，话不是这样说法，编几出新戏，固然于您很有益处，但仍是靠您自己的艺术能力，比方一样的一出戏，您演出去，就可以卖一块钱一张票，倘是我自己扮上，上台一演，恐怕两个铜板，也没有人来看。再说，您出名，我固然有点儿力量，可是我的声名，也蒙您给带起来，所以现在知道您的人，大多数都知道我，如此说来，我也应谢谢您。他说，那也不然，您出名是有您的著作，对于社会的贡献，于我没什么相干。以上乃我们平常谈话的一些情形，我为什么写这个呢？大家由此可以知道，他为人是谦虚而恭谨。

恋爱梅兰芳，小冬孟冬皇

因为电影《梅兰芳》，一个名字重被提及——孟小冬。懂事情的人都知道，写梅兰芳可以略去孟小冬，但写孟小冬则不能不提梅兰芳。提到扮演者章子怡，孟小冬的美与气场哪里是她能比拟的呢？

1925年，孟小冬在京城登台，一炮而红。据说，袁世凯的女婿、剧评人薛观澜曾将孟小冬的姿色与清末民初的雪艳琴、陆素娟、露兰春等十位以美貌著称的坤伶相比，结论是"无一能及孟小冬"。当年撰写剧评的"燕京散人"也曾对孟腔有过细致的描摹："孟小冬生得一副好嗓子，最难得的是没有雌音，这在千千万万人里是难得一见的，在女须生地界，不敢说后无来者，至少可说是前无古人。"

梅兰芳与孟小冬的故事，是普通人只可臆测、不能深究的段子。大明星之间的假戏真情，谁猜得准呢？连安吉丽娜·朱莉都在当了小三之后果断领养了一个又一个第三世界孤儿，聪明如我国前辈，哪能不知道绯闻正是粉丝经济的基石呢？何况一个男旦，一个坤生，男亦女女亦男，给了戏迷多少人前人后的幻想呢？

蔡康永曾写过孟小冬，说其父带他吃饭偶遇某贵妇，其父上前行礼，称杜太太。回头方知，原来是孟小冬，杜月笙的遗孀。如今微博常见的脑残语录经常被冠以杜月笙之名，不知孟小冬女士如若在世，会不会气到掀桌。

梅、孟相识于 1925 年 8 月。孟小冬演《上天台》，梅兰芳演《霸王别姬》，同日同台。之后两人在一次堂会上演出的《四郎探母》大获成功。此后《四郎探母》的杨四郎总是孟小冬。男女关系本就纷繁复杂，为了制约强势的福芝芳，"梅党"们开始撮合梅、孟。当时，有记者撰文："梅之发妻王明华素来不喜欢福芝芳的，所以决然使其夫预约孟小冬为继室。"后来"友人撮合，终成眷属"。

但这几个人的故事似乎现在才开始。如果概括，大概是梅、孟互不相让，孟小冬巨星脾性，不能持家。另外，梅兰芳赴美之前要带孟小冬前往，福芝芳堕胎势要相随。终于发生了梅门枪杀案，冬皇粉丝要射杀梅兰芳，却误伤了权贵之子。一时间坊间议论纷纷，媒体舆论也对孟小冬极为不利。孟小冬一气之下青灯古佛，再之后拜余叔岩为师，扎扎实实地学了一身本事。

分手的时候，杜月笙的调停使得孟小冬收了梅兰芳四万赡养费。孟小冬放出狠话："我今后要么不唱戏，再唱戏不会比你差；今后要么不嫁人，再嫁人也绝不会比你差！"大约二十年后，四十二岁的孟小冬嫁给了当初调停的中间人杜月笙，两件事她都做到了。而此前数年，在杜月笙六十大寿的义演上，再度出山的孟小冬以《搜孤救孤》一举震惊全国。此时她的唱功炉火纯青，句句珠玉，扣人心弦，如阳春白雪、调高响逸，一时传为绝唱，堪称前无古人。当时梅、孟同台不见面，而在孟小冬演出的时候，梅兰芳在家苦守收音机。他的管家说，那天他一直坐在收音机前。

梅兰芳红了一辈子，孟小冬错了一辈子。北京和上海，梅兰芳与孟小冬相识前后均在此二地常住，直到孟小冬去了台湾。京沪双城之于梅、孟，既是爱情产生之处，又是爱情幻灭的城。梅兰芳是伶人梅兰芳、巨星梅兰芳、艺术家梅兰芳，但他始终不是个好情人、好丈夫。他对得起周遭所有人，唯独负了孟小冬。

面对人见人爱的这份爱，他把它们全都撕开、剁碎。从这个角度来看，梅兰芳谁都爱，也谁都不爱。他爱的，都是幻觉。人们很难不从性别意识去剖析梅兰芳作为"绝世佳人"背后的故事，他与孟小冬阴阳互置后的床前榻上，那个辗转承欢的身子，是男是女。伶人往事里没有写过的，大概就是权贵商贾们与名角欲说还休梦已阑的你来我往吧。但这些毫不稀奇，在这个时代，以上被称作"潜规则"。所以，雨打沙滩万点坑，造神运动在每个时代都势必存在，而让人怀念的艺术的民国，既不是最好的时代，也不是最坏的时代，它不过跟每个时代都一样，有人造的"彗星"，然后在众人的瞩目中飞速或渐渐陨落。

Leonard Cohen：是诗，不是别的任何

我有诗人的头衔 / 或许有一阵子 / 我是个诗人 / 我也被仁慈地授予 / 歌手的头衔 / 尽管 / 我几乎连音都唱不准 / 有好多年 / 我被大家当成和尚 / 我剃了光头，穿上僧袍 / 每天起得很早 / 我讨厌每个人 / 却装得很宽容 / 结果谁也没发现 / 我那大众情人的名声 / 是个笑话 / 它让我只能苦笑着 / 度过一万个 / 孤单的夜晚

2007 年的时候，我跟几个同龄的《快乐女声》导演一起看了《美国偶像》，里面有个留着脏辫的男孩唱了 *Hallelujah*，美不胜收。初开始，我以为是男生的嗓音好到足够打动任何人，包括我，结果第二期他被淘汰了，那一次他唱的是 The Beatles 的 *Michelle*，声音依然优美甜腻，是年轻男孩的声音。评委西蒙说，这是一个沙滩婚礼的演出。呵呵呵呵。

再之后，我的网友 The Verse 乐队的主唱黄勃也唱了 *Hallelujah*，他唱了很多歌，这首的诗意最浓。原唱者的名字是 Leonard Cohen，1934 年生的老爷子，比猫王大一岁，二三十岁的时候写诗、写小说，《大大方方的输家》几乎是 60 年代最好看的小说。他后来去唱民谣，比鲍勃·迪伦诗意得多，他们一个是文学爱好者，一个是诗人。写诗这件事儿，像

是神谕和扶乩，根本毫无逻辑可言，只有神来一笔，听到的是上一个纪元或者更高级文明的声音，解释不了，是自己独来独往的节奏和骨肉皮，哪有什么秘密可言，都是过过过错错错做做做，以及，堕与落。

第一次听到的 Leonard Cohen 的专辑，是 *The Songs of Leonard Cohen*。凌晨三点，我住在湘江附近，失眠，并不准备写稿，收拾房间，与地平线同眠，在窗外空谷和麦田怪圈的世界里想着我爱你爱你爱你。他的歌是诗，讲的故事是爱你。呵呵呵呵，爱你。我要对他说，你是个骗子，骗我爱你，骗我相信我爱你，也骗我相信你并没有骗我爱上你。通通都是错。骗子。愿你的骗术高明如洗洁精，而我是被吃过一口的带着剩饭的碗。欢迎 Leonard Cohen 和所有男人同食一大口六味地黄丸，我们补肾，因为愤怒和悲凉。咚咚咚咚咚咚。"Sing the anger of a man"（歌唱人类的愤怒），这是《伊利亚特》的第一句话。不要让爱和欲望消耗，也不能让他人消耗。大梦方觉晓。因为 *Suzanne*，梦终于醒了，心神迷惑，尤在梦中。

这不过是一首情歌，言之有物的歌。Suzanne，她是白日梦一场，他跟她大干大笑大闹，她的乳房坚挺柔软，他用精液在她的脐上小腹写了诗。他用精液写诗，写下四字词，L、O、V、E。L 是 listen（倾听），O 是 obligate（感恩），V 是 valued（尊重），E 是 excuse（宽恕）。他们在一个木楼梯上的房间喝酒，他们贪食如饕餮，他们爱，不能不爱。有些可怜鬼努力了半天，真没想当个蓄电池啊，最后却透支自己丰富他人。Cohen 在七十七岁的时候依然用歌声说：不，我不是。

我看过一首他的诗，《头衔》：

我有诗人的头衔 / 或许有一阵子 / 我是个诗人 / 我也被仁慈地授予 / 歌手的头衔 / 尽管 / 我几乎连音都唱不准 / 有好多年 / 我被大家当成和尚 / 我剃了光头，穿上僧袍 / 每天起得很早 / 我讨厌每个人 / 却装得很宽容 / 结果谁也没发现 / 我那大众情人的名声 / 是个笑话 / 它让我只能苦笑着 / 度过一万个 / 孤单的夜晚 / 从葡萄牙公园旁边 / 三楼的一扇窗户 / 我看着雪 / 下了一整天 / 一如往常 / 这儿一个人也没有 / 从来都没有 / 幸好 / 冬天的白噪音 / 消除了 / 内心的对话 / 也消除了 / "我既不是思想，/ 智慧，/ 也不是内在的沉默之音……" / 那么，敬爱的读者 / 你以什么名义 / 以谁的名义 / 来跟我一起 / 在这奢侈 / 每况愈下 / 无所事事的隐居王国中 / 闲逛?

这充分说明最近一段时间他对时间这一物彻底失望无感。我的初恋女友长得就像他歌声中的那位 Suzanne，短发，年轻，写诗和小说，大多数时间生活得像一个笑话。我的初恋女友据说已经结婚，我爱她，永远忘不了她。因为她是幻觉，我的冗长的青春期里唯一的幻觉。我记得她。

萨冈写过一个小说《你喜欢勃拉姆斯吗……》——年轻人爱上中年妇女的故事。你喜欢勃拉姆斯吗？用法文说的我爱你，真浪漫哟。生在加拿大的 Cohen，讲英语也讲法语，他的诗歌有法语的韵律感，也有东方的禅意——他曾经认真地修过禅，后沮丧地放弃。那一年时值小津安二郎冥诞百年，他生前所属的电影公司松竹公司找到了台湾地区知名导演侯孝贤，拍了一部日文电影《咖啡时光》。这则名称如三线城市 cafe bar（咖啡吧）的作品，由我钟爱的男人浅野忠信主演，而他的女搭档，是中日混血的女孩子—青窈。她是《等一个晴天》的日文原唱，如今已是事业下坡，而我，则在太久的岁月之后，才真正地认识她、爱上她，并且，不太打算忘掉她。你看，在不同的时间，人们所看所为也是不同的，这恰是 Cohen 歌曲中长久所言之物。绝望，悲凉，寻找出口。

我在听到 Ten New Songs 时，正是对佛教产生兴趣的时候，那时，我在深山禅修。他的音乐，若非语言隔阂，俨然禅歌。他无望，在黑色密云中用爱自己和更爱自己的交替寻找答案，用音乐用声音，无疑，这是一张远不止不错的专辑。人的身体需要听到天音，这是大道。关于听，字形上，是服从，是被命令，是遵循大道，也是寻到目标。身体需要吃掉一斤又一斤的音乐，一早起床，不过四点三十分，吃它一口清凉的空气，然后洗漱，再吃早点——早点早点，早上吃点。等待是一天最重要的事儿，在晚上等待白天，在黄昏等待黎明，在希望和希望破灭之间等待爱人，在百无聊赖中等待惊喜，等待意外，等待心上人，也等待心上人走开。不知道为什么，空气中的滋味，像是我初恋的听觉。别人留给我的东西，通常因为回忆而获得更多的青睐，这显然意味着，我对被给予是何等珍惜。我想留下这听觉——*Ten New Songs*，感谢一切，我遇到了你。

后来我回到城市，继续进行着钢铁丛林里弱肉强食的人生。红尘修行 Cohen 好做伴，周遭声音一如往日和未来的浑浊，于是我开始研习茶道，用茶香对抗红尘之音。前些天生日，有朋友送了一台老唱机，我拿着淘宝找到的 Cohen 的老黑胶，*Songs from a Room* 还是 *Zero in Time*（时间之零），这与传统茶道的"和、敬、清、寂"却是不谋而合。再一次点茶的时候，我顺手打开了它。我得到了惊喜。

我注水，等待出茶，在薰衣草味的空气中，我点了一盘越南水檀香，天光渐暗，金乌西沉的时候，我的房间里染上了一层玫瑰色。时间很慢，物类不老，人亦不老。凡所美意，皆可收罗，凡所美景，皆可共赏。五脏和毛孔又一次回到了当时的高原湖泊之畔，耳边清朗水润，那些吉他和键盘中间的，是这个老绅士的冥冥之音，黑暗并不是不好的，它包容、疗养这一切，像是为了爱，让人又一次睡在月之海。

上一次听 Cohen，我又困又累，简直觉得人生无趣。要不要写稿呢？还是去看会儿电子书，还是去吃点儿东西，还是去睡觉，还是去打扫房间和洗各种衣服，还是去喝茶喝酒，还是去爱个兵荒马乱，还是默默睡去不理我的肥胖，让我的肥胖变得地久天长？连气定神闲都误以为是神来之笔。感谢他。

"唯愿光明普照，来日真理闪耀"，来自 *The Land of Plenty*，作者 Leonard Cohen。

艾瑞莎·弗兰克林：如何做一个"大地之母"

她开口演唱的时候，每一下，都撞击着世界，然后与知觉一同覆没。她的歌声是武器也是花朵，在接近神灵的土壤上次第盛开。

阴天是最适合胡乱回忆的天气，眼看着天光日见日旧，是让旧事旧物在脑中重生的时刻了。现在，走在田纳西的曼菲斯，往昔岁月幻化人形走在白云苍狗公园。远处大湖之水如眼波痕，他慢慢坐定，身下是草坪边的蓝色长椅，手上的书翻到第九十八页，是海明威的《乞力马扎罗的雪》。眼前有成群的鸟飞过，长椅下几何图形的青石板是用小碎石填满的，再往上看是一个方形的天空，有雾，右侧是一丛一丛的灌木。往远处看，是绿狮子一样咆哮的树冠。一群黑色大蚂蚁迅速跑到台阶上，然后死于行人的足下。

半晌，在无尽大海旁边的"茫茫光阴"酒吧他开始喝酒，无非是百利甜之类的预调，并且显然是兑了水的。身边的人面对着长岛冰茶，让舌苔百分之九十的地方沉迷在可口可乐的拥抱中，先是惊呼"哎呀，味道不错"，接着惊呼"F×ck，全是可乐，还是可口的"！

事实上，他刚刚在"无尽之洋"吃过饭，喝了同样的百利甜和一种椰子味的酒，味道非常浓。他坐在这个城市中自造的天井里，对面是店铺的正门，偶尔能闻到红酒烩牛肉的香味，还能听到主妇把铁锅从烤箱拿出来放在餐桌上的"咚"的一声。天上大片的黑云在楼顶安逸地飘着，楼是住宅楼，斜对面的阳台临街，是在闹市中求现世安稳的意思。

这大约是1970年，在这片土地上出生的艾瑞莎·弗兰克林迎来了她歌唱事业最好的时光。刚刚走过的20世纪60年代末，黑白种族问题依然白热化的彼时彼刻，艾瑞莎·弗兰克林唱出了 *Respect*，在黑人的国度，它一时间俨然成为了"国歌"。在黑人人权运动酣战之际，因着她的巨大成功，*Respect* 也成为女性自觉运动的代表作，女性找寻自己、渴求成功的心继续燃着熊熊烈火。

你很难在别的女人身上看到如此这般的女战神气质，这也许与体形有关——她现在肥胖成山，唱歌的时候便有了"大地之母"盖亚的气质，包容、养育和滋润万物。大地温柔也有力，她让吾辈吾人以参孙之名站在大地上，屹立不倒，所向无敌——她唱的歌，就是战歌。

关于 *Respect* 副歌部分的 hi baby, hi baby，我听过 Mary J. Blige

的演绎，也听过詹妮弗·哈德森的唱诵，然后才找回艾瑞莎·弗兰克林——她是原版，其他的她、她和她们所有，通通是山寨货。她比她们都棒十倍。她是游走在黑夜白昼黎明黄昏的暮鼓晨钟，她好的时候无比好，坏的时候也非常棒。她的歌声是杀人的，浑厚强劲满含无坚不摧之力，然后有光芒。远远地、斑斑驳驳地唱那歌的肥壮女士，她滋养也护佑，愿打破也愿重生。即使被生活硬生生切断手脚、身躯，她也是个原始的完整的人。冬季下雪的时候，当耳朵遇到艾瑞莎·弗兰克林，那一片白茫茫无边无际的雪，已经足够让我们哭到心悸心痛，也许心碎。

《百年孤独》的译者范晔译过何塞·安赫尔·巴伦特（José Angel Valente) 的一句诗：在你双眼流动的深处 / 你身体跃过水波 / 好像一头透明的鹿。

这大概是我听 Aretha Franklin 演唱灵魂乐的感受，若你在暖和的周日听一下 Aretha Franklin 的 *Think*，肥猫一只在怀，简直不知有汉，何论魏晋呢？迪斯科盛行的 20 世纪 80 年代，Aretha Franklin 熬过了几年事业低潮期，因为所有人都在听舞曲，要过很多年节奏蓝调才会由珍妮·杰克逊推到年轻人的眼前耳孔里呢？不过好在她遇到了 *Sisters Are Doing It for Themselves*，这是与当时尚未从舞韵合唱团单飞的 Annie Lennox 合唱的女权励志金曲，即使不听歌词，那旋律、唱腔，以及当时美得雌雄莫辨犹如精灵一般不可方物的 Annie Lennox 也远非今时今日加入 U2 的博诺慈善计划的钢琴弹唱大婶可比，时间放得过谁呢？在光阴的射箭场上，Aretha Franklin 并未变老变丑，因为她从未年轻过，也只有她的粗粝冷峻八荒焚尽能在光阴之沙的冲刷中保留原样。那些粉饰的虚无的假面，都敌不过岁月的自白，通通举手投降。艾瑞莎是不同的，管你千变万化，我只用歌来杀。

《滚石》曾经评选过"史上最伟大的百名歌手"，"灵魂歌后"艾瑞莎·弗兰克林排名第一，第三名是"猫王"，而列侬则是第五名。她是公认的灵魂女王（Lady of Soul/The Queen of Soul），拥有十九座格莱美奖，其中的八座是连续八年获得的最佳节奏蓝调女歌手奖，更是首位入选摇滚名人堂的女性歌手。

You Made Me Feel Like a Natural Woman 和 *I Say a Little Prayer*，尤其是后者，就像人长大和变老的过程，又如同年轻到年老的艾瑞莎·弗兰克林的歌声一样，由激亢到平缓，由尖锐至死到海纳百川。这个时代的人，心越来越脆弱，I say a little prayer，是愿望也是试验，回忆从前那个蹲下为自己系鞋带的人，我瞬间石化成雕像和盐柱。这真是从小到大听的歌了，简直应了张爱玲写的那句话：于千万人之中遇见你所要遇见的人，于千万年之中，时间的无涯的荒野里，没有早一步，也没有晚一步，刚巧赶上了，没有别的话可说，惟有轻轻地问一声："噢，你也在

这里吗？"

　　在 2009 年的格莱美的演出中，她带领一众大牌歌手献唱，她已经七十岁了。她开口演唱的时候，每一下，都撞击着世界，然后与知觉一同覆没。她的歌声是武器也是花朵，在接近神灵的土壤上次第盛开。

周迅：另一种刘慧芳

孤独是什么？孤独是女演员面对大千世界百杂碎赖以生存的必备丹药，那些心中永远孤独的女演员恰恰是最伟大的女演员，她们没被光怪陆离的世界沾染凡心。

在《李米的猜想》里，周迅用四年时间等待一个男人，她的爱情比幻觉更美丽。真的，也只有周迅能演李米，那张为爱扭曲的小脸在镜头前面号啕大哭、心儿支离破碎的时候，她是入魔了的。何况，她本就是个李米。每一段感情，周迅都坦荡荡地叫人知晓，她保护恋人的方式叫"高调"。在一个台湾综艺节目上，周迅、赵薇齐谈感情。赵薇口风之紧简直是真人版《风声》，而周迅对此则毫不掩饰。事实上，我们没法儿确定这两种方式对女明星来说哪一种更加妥帖。但再高调的感情，终究不过是男与女、爱与不爱、甩与被甩。也许并没有那么复杂，只不过不爱了，而已。

自打周迅与大齐分手起，各种猜疑和说法蜂拥而至，人们总能找到自己想要的版本。在某个慈善晚会上，周迅获王姓男子赠送的价值三百余万的紫檀珍品，此亦成为之后多日的头条。当然，周迅的这一次恋爱依然是透明的。有个大姐不无心疼地说："周迅这姑娘还真是不讲究啊……"

从某种角度来说，女演员与男演员是截然不同的两种生物。男演员要在酒色财气混沌的花花世界里卧底，才能到达别有洞天的至高境界，然而女演员必须孤独。孤独是什么？孤独是女演员面对大千世界百杂碎赖以生存的必备丹药，那些心中永远孤独的女演员恰恰是最伟大的女演员，她们没被光怪陆离的世界沾染凡心，拥有的，不过是个梦。

爱情没准儿能赶跑孤独，但在碎步前进的途中，爱比死更冷的说法也不绝于耳。说到底，闷声发大财是老祖宗总结的实惠法则，可是还真管用。周迅的男伴们，总的来说都是万千尘世一盏青灯的路数：帅气，迷人，懂得生活，并且懂得女人。他们都是从环境中脱颖而出玉树临风的一款 Mr.Right，但周迅同学要找的，兴许是 Mr.All Right（完美情人）吧。连她本人都说，关于爱情这档子事儿，她要的不多。

容我插播一句，好莱坞极品坏妞琳赛·洛翰在上一段轰轰烈烈娱乐至死的女同恋爱结束后又泡上了新的帅哥男模，帕丽斯·希尔顿现阶段的高调恋爱对象当街跟她在车里互殴。可见，再常见的恋爱模式放在女明星身上都是不成立的，人们喜闻乐见的，不就是一个个光鲜亮丽的明星形象雷峰塔般倒下的瞬间吗？

　　不过女同胞们可能更不喜欢听到这些。欸，君不见，自打周迅大齐恋爱告罄并坦然进入下一段恋爱时，说她嫌贫爱富造型每况愈下的，都是女性。如果一个女人连番恋爱，并且每次都能找到可心体面的男人，她简直就是在向无数被日常平凡生活折磨得灰头土脸的三姐六妹挑衅——我总是恋爱，我总是找到好男人。你知道的，这时候，只有女人才会感到被冒犯，而那些怀揣觊觎的酸溜溜的男人们，则不在讨论的行列吧。

　　跟李亚鹏分手之后，周迅一度在媒体面前阴霾难掩，但恋爱让她又满血复活，因为她是爱情路上的刘慧芳。谈恋爱的时候，有些姑娘是刘慧芳，而另一些则是母螳螂。她每每全情投入，每每遍体鳞伤，每每再接再厉。一二三四、二二三四、三二三四、再来一次，这是刘慧芳们的生活口号，她们因此变成了全新的人。每一次恋爱都是月野兔变身的时候，叫她们怎能不将爱情进行到底呢？至于那些个拥有母螳螂本能的姑娘，她们也没错，那不过是在钢铁丛林中的另一种生存法则罢了。但是总的来说，我必须承认的是，尽管有些姑娘看似母螳螂气质十足，但那些个满口亦舒、张小娴的姑娘，不知道为什么，只要到了时间地点人物齐活儿的时候，就立刻一嘴的琼瑶味儿，让人是可忍孰不可忍啊啊啊啊啊……我还是喜欢周迅这种敢想敢干的直肠子。

汤唯：她不知道地狱在哪里

她不知道地狱在哪里，当无尽黑夜来临的时刻，她直面魔鬼，犹如婴孩般，是无惧的，也是无悔的。

以前我并不十分中意汤唯，主要是因为长相，伊那种硬朗的五官其实容易惹怒一些人，因此我一度觉得她很丑。在我对她的外貌改观后，我总结了一下，当初之所以觉得汤唯不好看，最大的原因就是觉得她脸上有一种"就是不服"的神情。在一个女孩子脸上看到这种表情——尽管当时是《色·戒》——还是觉得她挺欠揍的。同样的表情用在乡镇非主流和村落古惑仔的脸上，同样适用。真的，请相信我，如果你在一个杀玛特身上看到这样的表情而不起丝毫抽打对方的冲动，那我真佩服您的淡定指数。

汤唯很不容易。在镜头里，她有一种天生的高贵，面对爱情的爪、欲望的毒，以忧伤平静滑过风中。《晚秋》里她演一个女囚，临时出狱祭奠父母，遇到了逃犯玄彬。两个亚洲人在西雅图，汤唯说朴素的英文，标准、无口音、流利。自始至终我也不知她究竟因何罪入狱，我只知道，她爱上了一个许下诺言的男人。她不知道的是，她回监狱的那天，那个男人落网了。有时候爱情就是花岗岩，皮肤被划出一道道无望的印子，却以希望的名义。

在《色·戒》之后，汤唯被封杀了。因为无法撼动世界级导演李安和戛纳影帝梁朝伟的江湖地位，这个瞬间成名的女演员成为众矢之的。同业的女性，大约也都嫌她红得太快，没吃过什么苦，从籍籍无名的女演员瞬间成了巨星，连答记者问的时候都一派大家风度。您想，连风华的舒淇，出道早年上节目，也是咿咿呀呀，浑然是个喳喳叫的傻鸟儿。汤唯是横空出世的一个奇迹，她像是意外捡到神功秘籍在家苦练多年的女侠客，甫一出世，已经知道自己身怀绝技，毫无菜鸟生涩。她并不炫耀，也不自怜——即使在被封杀之后。她不像章子怡，也不像艳照门的诸位，她并未做错什么事儿，无非是一个女演员尽责地完成了一个艺术电影的表演而已。为着说不清楚的原因，她骤然消失，这对于横空出世的影坛新星，是个迎头重击。

"等到风景都看透"，说得容易，没有被生活生生地扇上几记大耳光再被推倒踏上几脚最后踉跄但还是站起来，谁都没资格说自己是 super woman（超级女英雄）。关于生活中的超级英雄，仔细分析，人们羡慕的其实是她们的无坚不摧。汤唯如此，赵薇亦如此，她也曾选择在电影学院悉心苦读，几年导演系研究生下来，又成了亿元票房女星。

　　说得世俗些，这也未尝不是一种饥饿营销。有时候，坏事儿会变成好事儿，因为保持如此高度神秘感的女明星，在好莱坞的黄金时代之后，就再也没有了。她没有博客，没有微博，很难被偷拍到跟某个男人勾肩搭背并留他夜入香闺。她成名的时候二十八岁，被封杀后再出现已经三十出头，这是一个女人最特殊的阶段。告别了似有似无的青春期，真正进入成熟阶段，汤唯的爱情其实乏善可陈，倘若您一定要以"普通人的爱情也曾波澜壮阔"定义的话，我无话可说。迄今为止她的恋爱对象只有《钢的琴》里的一个小角色，那个人是个好人，因为在汤唯为千夫所指为众矢之的的时候，他并未借此炒作自己。要知道，如今的男演员们，为了炒作也什么都愿意了。能保持做人的底线，其实是不容易的事儿。在沉沦黑夜的时候，太多人以为自己会是夜幕上放光的星辰，而不是让天空更加暗沉的乌云。

　　徐静蕾喜欢标榜自己的文艺气质，张艾嘉也是，但汤唯没有。她说过以前不爱看书，后来开始看，才发现书的好。有些人的生活注定"地广人稀"，关于名利，就像曾轶可有首歌唱的，"你是我的，我是你的"。对很多人来说，通常是"我是你的，你也是你的"。等到风景都看透，原来女演员汤唯的职业生涯是细水长流。她不知道地狱在哪里，当无尽黑夜来临的时刻，她直面魔鬼，犹如婴孩般，是无惧的，也是无悔的。从那时候开始，我觉得汤唯很美、很好看，让人舒服。

张柏芝：江湖水　修罗泪

喝一口江湖的水，掉一滴阿修罗的泪。哪怕她有五十五种颜色，也只能在婚姻中暂时沉没。

　　我一直觉得，张柏芝是亦舒写的阿修罗，拥有摧毁一切的魔力。艳照、偷情、隐退，为千夫所指；不存在的永久真爱；阴谋与爱情；父与子染色体吻合 3%，这是说 Lucas 不是谢家的真种。总的来说我更喜欢张柏芝，尽管我也不讨厌谢霆锋。当年张柏芝在艳照门后被海内外视为"异端邪说"，"淫娃荡妇为何不死"的指控不仅来自积怨已久的港媒，内地媒体也大多没闲着。她成了所有人避之不及的怪物，被迫幽居在洞穴中暗自舔舐伤口。那时候，不论是独自仰望星空，还是在泥潭中崩溃打滚儿，身上一定是有钉痕的。

　　从 2010 年到 2011 年，张柏芝从山洞中出来，正式开始拍戏，年入五千万，是香港片酬最高的女星。这是一个东山再起的传奇女子，有句话说："向上爬时，对遇到的人好点儿，因为掉下来时，你还会遇到他们。"很多年轻人不懂，张柏芝同样。数年前她得罪了多少媒体，现在他们都一一清算，绝不拖欠赖账。年轻算什么？年轻从来都是所有优点中最浮云苍狗的一个。今天你年轻？明天你就老了。

看着他起高楼，看着他宴宾客，看着他楼塌了——几百年前孔尚任写的《桃花扇》，写尽繁花落寞。男女明星的婚事，莫不如是。张柏芝是从维多利亚港出发的小艇，对世界总白河夜船的错愕。

我认识的一个刻薄男说："算命先生还是很强大的，五年前结婚的时候就纷纷不看好，说这两个人命里相克。老谢死撑五年冷暖自知，分手未尝不是好事。"都说张柏芝来自江湖，那谢家是什么祖荫？更勿论谢贤狄波拉谢霆锋谢婷婷他们跟演艺圈各路大佬盘根错节之既破的社会关系了。

谢霆锋出道是为了给老爹还债，当年谢霆锋的顶包案，谢贤在媒体面前吹拉弹唱，内地媒体哪里见过这等活色生香的老江湖？而谢霆锋的老娘狄波拉又何其厉害？跟谢贤结婚的时候，她前夫还眼巴巴送了一套连卡佛的银器，更勿论江湖上传言她曾为了还愿，在泰国四面佛神龛前裸舞的事儿了。说到底，都是江湖儿女，出来混，都不怕要去还的。

有句话：我不是随便的人，我随便起来不是人。有些事儿张柏芝确实随便，但有些事儿，张柏芝大概永不会随便。话说回来，以张柏芝的脾性，她其实并非佳偶。在你侬我侬的时候，谁要找个能说会跳的小妈啊！男人遇到这种情况，除了哭求速死还有别的办法吗？还有吗？为什么萧十一郎对美不胜收的风二娘总是比爱少一点儿又比喜欢多一点儿？张曼娟有句话是最好的诠释：不要把你的爱放在悬崖上，它太高了。

峰芝婚恋生子的事儿还历历在目，小谢在艳照门之后力挺老婆的气节也让人大赞，那样的婚姻是若干男女对爱情的朝圣，它意味着无论婚前如何胡搞，婚后都能一往无前。虽说人是铁，范儿是钢，一天不装憋得慌，但淫娃易做，巧妇难当。这是生活，"你若不离不弃，我必生死相依"的段子终究成不了日子。在爱情的未竟之业里，会有别的傻 × 替我爱你揍你。所以张柏芝，喝一口江湖的水，掉一滴阿修罗的泪。哪怕她有五十五种颜色，也只能在婚姻中暂时沉没。

真想对着香江大唱一首：哦芝芝芝芝芝芝，你好吗？！

S 姐的修罗劫

大 S 决计不是败犬女王，她有种有胆，是演艺圈难得的常胜女将军。杉菜是神马？不是浮云，而是桔梗花，比玫瑰更茂盛，比爱情更蛮横。

　　大 S 这个倒霉催的，作为情场天后的她其实早已到了独孤求败的境界，独自寻找对水的冷月孤星。三角恋小三劈腿姐弟恋连轴转，回望大 S 徐熙媛的情史，就像亦舒小说《阿修罗》里说的，每个年轻女子都是阿修罗，魔力无穷。但这是只属于少女的魔法，年龄一到，法力尽失。对于三十过六的大 S 来说，她的劫数是年龄渐长还是想找豪门依靠，或者只是动了真情，未曾可知。阿修罗们历经末世天灾后，有些是会法力全失的。因此也不难理解那些不看好大 S 婚姻的人，他们十有八九是因着对明星高调秀恩爱的本能的惶恐。并不是所有人都能同气连声锦心绣口地祝福大 S 汪小菲婚姻美满幸福——对知名人士而言，是度是劫，是金身永塑，还是失败了从头再来？杨采妮黄奕在前，谁敢说婚姻就是能让骆驼穿过针眼的法宝呢?

从酷龙组合到蓝正龙到仔仔周渝民再到夫婿青年才俊汪小菲,都是帅哥,都是闲不住的哥们儿。大S爱帅哥,口头禅是"男友一定要帅,皮肤一定要白,吃素,一定要实在"。这句slogan简直是悲歌如诉的太空黑匣子,打开以后处处都是血泪。大S向来不忌惮将公开爱情进行到底,但,到底是吃过亏的。

汪小菲是徐熙媛来自中国北方的情人,姐弟恋算什么,与有情人做快乐事儿,管它是劫是缘。她演的杉菜最深入身心,除了以中人之姿跟几个超级帅哥你侬我侬,惹得一干俏佳人只能在梦中跟F4搞搞破鞋以外,更醒目的是大S脸上"是的,老娘很倒霉,但老娘硬是不服,你想怎样?"的大字报。

大S真是衰啊。我想起当年某大门户网站在首页上放过大S的照片,图注为:那些鞋拔子脸的女明星……可按照当下的女性流行语录,大S决计不是败犬女王,她有种有胆,是演艺圈难得的常胜女将军。杉菜是神马?不是浮云,而是桔梗花,比玫瑰更茂盛,比爱情更蛮横。不管是飞腿甩开仔仔还是一脚踢开蓝正龙,大S都算是温柔且有种的,分手后恪守淑女道德,绝不对ex-bf(前男友)口出恶言,直到终于在台北的星空下用保养品写下汪小菲君的名字。她爱帅哥就像鱼嗜水之欢,一晌贪欢,求得一刻温暖。

男主角在微博上已坦承一切，公然宣布"我俩就是订婚了"，大S甜蜜回应："从跟小菲见第一面我就知道是他，见第四次面就订婚了……很幸福、很确定、很开心！"相对于富二代男友声色俱厉地在微博上舌战三姑六婆，大S明显气定神闲："人生的惊喜不断，感恩，珍惜爱。""我呼吸的不是空气，是幸福。""能拥有爱情的人真美！"对在背后羡慕嫉妒恨的人来说，这真是句句如刀、刀刀见血啊。我猜她的前男友们也在暗地磨牙坐等好戏吧，仔仔和蓝正龙现在的事业都在瓶颈期，哪像S姐这么风生水起。不是有个段子吗："你这个傻孩子！不是说好分开后要照顾好自己吗？原来你过得这么不好……为什么？为什么不早告诉我，让我高兴高兴？！"

但也难说小S在金马奖颁奖典礼上跟蓝正龙越策越开心不是为了炒作。我承认明星们会戏假情真，我也相信，艺人们不爱宣传是不可能的。你看，之后的头条不是又归了她们徐家人？大家都讨厌卡米拉，人人都爱戴安娜。

人家柏邦妮有句"可以被睡服，不能被说服"，用于评述大小恋，简直妙趣横生啊。在某个年纪，如果不能和光同尘，真是会吃亏的。尽管特立独行让王菲看起来无所不能，但事实上她却与幸福保持着相当的距离。你看，现在大家唱衰大S的婚姻就跟当初对王菲、刘嘉玲、小S、李嘉欣如出一辙，人们喜闻乐见的，都是眼看着楼起来，眼看着楼塌了。你猜谁会是下一个被侮辱与被损害的人？我猜不是大 S。她实在是温柔且有种，带种的女人敢于踏平人生路上的荆棘，你给她毒蛇，她还你鲜血。

阿娇的娱乐生死路

她选择在春天重出江湖，只是她的春天在哪里，谁也不知道。那场噩梦终将被人遗忘，她也许会坚持着得到幸福和心安，也许不会，就这样，望尽天涯路，直到人群星散。

"芳菲歇，故园目断伤心切。伤心切，无边烟水，无穷山色。"古人的确把词句写绝写尽了，无论如何难堪绝望悲戚，都已尽数涵盖其中。男与女，爱恨情愁，因为一代一代的传承，到了当下，也只落到不过如此的地步吧。

容我从头叙述这个故事：一个傻女，因为人小脸靓又想当明星，十六岁便出道当了明星，和另一个年龄相仿的姑娘组成组合。经过公司的超高包装手段以及一轮又一轮的推广，她们迅速在家乡香港站稳脚跟并且更以迅雷不及掩耳之势成为了华人地区最具号召力的明星组合。她被叫作阿娇，她们，叫 Twins。

他是富家子弟，英文名跟发明灯泡和电影放映机的科学家一样，是桀骜不羁的俊俏少年。一出道即得罪所有港媒，无他——他是潮人，富有、帅气、没礼貌，爱妞儿也被妞儿爱着，他甚至还有演戏的天分和当MC（Microphone Controller，指能 rap，能带动气氛，能主持，能即兴饶舌的人）的才华。太多的争议因他和无数女子的纠葛而起，后来他公开承认有了女友——他老板的侄女。人们惊呼浪子回头可谓大海淘金，实在难得。

她也是绯闻不断——情歌王子、新生代男演员，还有跟她扯不开剪不断的各种纠葛。一晃眼十年了，她已不是那个初出茅庐的黄毛丫头，仗着可爱走遍江湖，而是成了众口铄金的"好傻好天真"。在变成"傻天真"之前，她的事业已逐渐陷入瓶颈。虽然美丽如昔甚至更胜往昔，但跟同组姐妹相比，终究是差了点儿意思。清纯路线有底下层出不穷的妹妹们摩拳擦掌地准备冲上来，性感路线又有各路大姐姐们今天爆乳明天露背，所以只能拍拍武打片赌一把，总归是田径运动员出身，苦，还是吃得了的。

可是再也回不去了。后来的事情，我们都知道，她被全天下的人看了个通彻透亮，因为他。后来她说她爱他。仿佛他练了天山童姥的天山折梅手，无论牡丹、百合、梅花，还是朝开夕死的牵牛花，都一一落入他手。他爱玩儿，她们也愿意跟他玩儿，各种玩儿。终于，一朝天崩地陷，从此宇宙洪荒。所有的傻和天真都给了他，她说不后悔，为了爱

他，她愿意做任何事。自尊算什么？她只要那一刻温暖的爱的假象。当
艺人多年，却依然躲不过戏假情真的宿命。她不是那个她，不顾一切结
婚生子，在最意外的时刻站出来，泪涟涟却神态坚决地说："我错了，我
承担，但，我不原谅。"这种事儿，更加传奇。倘若是我，也必不原谅，
绝不原谅吧。

她不恨他。现在她复出了，为了生存，为了赡养父母和支撑全家。
过去的这一年，靠积蓄生活，已然捉襟见肘。她选择在春天重出江湖，
只是她的春天在哪里，谁也不知道。那场噩梦终将被人遗忘，她也许
会坚持着得到幸福和心安，也许不会，就这样，望尽天涯路，直到人
群星散。

刘嘉玲：我们江湖见

什么是江湖？有人的地方就是江湖。刘张梁的情丝万缕，岂是千言万语可道尽的离愁别怨？梁朝伟爱谁不爱谁，那绝不是结了婚就盖棺论定的事儿。

刘嘉玲真的不容易，每每在公众场合出现，硬是有媒体拿张曼玉与之相比。从美貌到演技再到事业，刘嘉玲似乎永远被张曼玉稳压一头。张曼玉三个金马影后四个金像影后还有个戛纳影后压阵，反观刘嘉玲，演技是好的，人也是美的，然而奖项运远不如老公梁朝伟。伟仔五个金马奖三个金像奖，哦，对了，还有一个戛纳影帝。刘嘉玲是金紫荆奖金鸡奖以及法国南特影后，可比起其他两位，总多了一把秋风扫落叶的心酸。

韩松落写过："如果需要推荐出一个人作为女人人生的楷模，林青霞张曼玉章子怡邓文迪都是不合适的，她们完全无法效仿，而刘嘉玲的人生，完全可供普通人效仿及回味。"对 20 世纪的香港人来说，刘嘉玲就是个麻雀变凤凰未遂的北姑，跟许晋亨的婚事一波三折。当然，许家看不上这个要哪儿没哪儿的淘金女，尽管多年后许少爷娶了相同出身的李嘉欣。那个时代的香港人喜欢张曼玉，她可爱，有兔牙，后来又当了国际影后，虽然之前也被旧情人卖过情书给报纸，不过，谁年轻的时候没爱过个把人渣呢？

威尼斯影展上，刘嘉玲一度阔太 looks（装扮）出街，身材是好的，衣服是露的，围观群众的心情是尴尬的。结果又遇到了 Maggie Cheung（张曼玉的英文名），电光石火，秋凉。当天张曼玉帅裤出街，经纪人助理一个不带地独战水城，没人不把她当巨星看，即使她还自己补妆。刘嘉玲说："这些年大家都觉得这是'美丽的误会'，如果非要找事做新闻，我不介意。我觉得，这会是一个好看的电影剧本。我们都对此澄清了很多遍，大家不信，我们只能平常心面对了。"中年男女的情感纠葛还能上头条，梁朝伟刘嘉玲张曼玉三人何其有幸。他们都美都红，光阴在脸上渐渐刻出了智慧的痕迹。相濡以沫是行不通的，前提是，没有相忘于江湖。这样的爱情，才算是永远热血沸腾，永远热泪盈眶吧。至于其他小明星们的狗血爱情故事，除了当事人自己打滚儿捶地，在别人看来，无非是弱智儿童欢乐多，太太小儿科。

梁与刘彼此是否了解，谁也不好说。年少轻狂的时候讲究的是无爱会死，后来也明白了，这个世界除了感情，还有很多事儿可做。少年子弟江湖老，至于了解不了解，那是年轻人的事儿。人到中年，爱是生活，是出门七件事儿，是将回忆进行到底。什么是江湖？有人的地方就是江湖。刘张梁的情丝万缕，岂是千言万语可道尽的离愁别怨？梁朝伟爱谁不爱谁，那绝不是结了婚就盖棺论定的事儿。归根到底一句话，只要没死没绝经，个个都是好娘子。到底梁朝伟和张曼玉有没有相爱过？三人都说不不不，没有没有没有。有人看全套《鹿鼎记》学习韦小宝说谎的艺术，但是别忘了，韦爵爷最大的本事其实不是说谎，而是脸皮厚，即便被当众揭穿，面皮也不微红。大明星毕竟是不同的。

至于刘嘉玲跟张曼玉，我猜这么多年过去了，也无非是"谢谢侬，谢谢侬给彼此留下余地"，以及，"江湖上见"。再不济，也能拼个谁更长寿吧。报仇，还是握手言和？这都是没谱儿的事儿。试想一下，倘若刘嘉玲张曼玉二人果真成了闺密姐妹淘，岂不是真正可怕？女性的友谊向来建立在共同体上，同学、同事、同居、同讨厌、同仇恨、同爱护。每个人的人生都不容选择也不能勉强，谁让你是梁朝伟/刘嘉玲/张曼玉？难不成重新来过？那些父母给起名叫张开凤和史珍香的人，才是真正崩溃吧？名字和生活同样是不能选择的。人生长路漫漫，做何种人走何种路，自己可控的无非占百分之十五。其余的，随波逐流罢了。但这也并非消极，在人生的河流中，下一次偶遇的港湾永远比想象的更美好，至少，也是更丰富。

最难不过名女人

各路豪杰都以羞辱之污蔑之攻击之为乐，本来好端端的姑娘，一定被拿来比较，高清大图和秒拍的尴尬简直要来个现实版的《画皮》。不信你看看赵薇，她在得到巨大的名与利的同时，也被人浇了无数屎盆子，而且是实实在在的屎盆子。

娱乐圈的江湖老前辈刘晓庆姐姐曾经说过一句话："做人难，做女人更难，做名女人是难上加难。"说这句话的时候她年仅二十二岁，已经出版了《我的路》，并在全国掀起了轩然大波，这仅仅是她那一连串头条（她跟男人们的关系、她的财富、超龄出演少女、锒铛入狱、一夜白头、东山再起……）的其中之一。刘晓庆的生活简直就是现实版《被侮辱与被损害的》，不过，名女人们压根儿就没有认命这一说。看看章小蕙，比起牢骚不断暗箭连连直至破产的前夫钟镇涛，这位港媒笔下的狐狸精可没对命运低下高贵的头颅，她写专栏、开服装店、演戏、当制片人，硬生生把几亿负债还清。干得多算什么，人家样样精通。看过她专栏的人会顿觉惊讶和惊喜，好品位更是让她的二手衣饰店名声大噪，电影方面还得了最佳新人奖，当制片人一路杀入好莱坞。什么是不死鸟？这就是不死鸟。

名女人仿佛都对保存旧时光毫无兴趣。OK，事实证明活在当下立足未来是多么明智啊，所以伊丽莎白·泰勒才能连嫁七次，每一次离婚除了给她带来一大笔赡养费以外，还有更多的仰慕者。放在咱们中国，那这老太太的名声可就不好听了。王菲跟窦唯、谢霆锋、李亚鹏谈的几次恋爱招来了各种甚嚣尘上，心怀善意者自然不吝祝福，但，还是有些其他说法的。

章子怡成为好莱坞又一个中国美人后，简直成了评论界的掘金窟，谁都想打砸几下敲出点儿金渣子，就算敲不下来，听听声响也是好的。不过，小章姑娘这一连串的直面人生迎难而上比起前辈巩俐姐姐可是出息多了，不信您让巩姐姐说几句英文。章子怡能做到，归根到底一句话，我不服。但，这才是名女人痛苦的根源。

人家背爱马仕你背 LV，不服；人家身边的男人是财阀你身边的不过是小开，不服；人家得影后你甚至从未入围至今还在努力摆脱花瓶，不服。各种不服组合成巨大的不甘心，这样的人生快感在哪里？套用池莉的书名《有了快感你就喊》，如果不是那样的生活，您只能当哑巴一辈子玩儿沉默是金了。还有一种名女人，各路豪杰都以羞辱之污蔑之攻击之为乐，本来好端端的姑娘，一定被拿来比较，高清大图和秒拍的尴尬简直要来个现实版的《画皮》。不信你看看赵薇，她在得到巨大的名与利的同时，也被人浇了无数屎盆子，而且是实实在在的屎盆子。

　　接触过赵薇的人都知道她是个性格疏朗的姑娘，不端不装，人也随和。说实话，现在的娱乐圈各路才女云集，但看看赵薇的博客，就知道如果还要用小燕子去定义她简直是个笑话。她的文字自然清朗，不做作不刻意玩儿忧伤，更无堆砌感。如果这样也避不开一波一波的恶意，那么做名女人不仅仅是难了，那简直是难上加难。

雷·查尔斯：如果你突然瞎了怎么办

我觉得面无表情穿最 × 的西装然后耳朵里听的是雷·查尔斯的那些人，都很棒。即使苦熬在 CBD 里，他们也能一晌贪欢。

2005 年，奥斯卡影帝桂冠由黑人男演员摘得。他叫杰米·福克斯，扮演了黑人灵歌史上最重要的人物——Ray Charles（雷·查尔斯），而对一些更年轻的人来说，与雷·查尔斯有关的记忆是青海卫视《花儿朵朵》节目里那个怪女孩黄夕倍唱的 *Hit the Road Jack*——她唱得好极了，她的喉是一张水晶色的渔网，捞住了那颗金色的苹果。这是雷·查尔斯的一曲分手怨歌，却住在了热闹舞曲的身子里，歌名原意相当于东北摇头劲歌 high 曲《你给我滚犊子》。这是 1961 年格莱美的最佳布鲁斯歌曲，在这之后，歌手雷·查尔斯进化成大师 Ray。

七岁的时候雷彻底失明，他严苛的母亲不顾他的眼疾，"残忍"地逼他学会一个人要体面地活下来所需的一切技能：洗衣、生火、烧水、煮饭，以及知识。她是对的，她救了他的一生。几年后，他到佛罗里达州圣奥古斯丁的某家残疾学校，学会了布莱叶盲文，学乐谱，弹钢琴，拉风琴，吹小号及萨克斯。

盲人，瞎马，夜临深池。还有比这更绝望的事情吗？他肢体的天分在无光世界里被保存下来，他选择了另一种亮。十五岁的时候，盲少年雷·查尔斯成为夜总会表演的固定班底成员。数年之后，他在西雅图组成了第一个三重唱小组，节奏蓝调、爵士、灵歌、乡村乐，终于，白人的音乐世界里有了个黑人的名字。那是马丁·路德·金的梦时代，那个时代一去不再来。

1960 年，雷·查尔斯创作了荣臻四项格莱美奖的 *Georgia on My Mind*。面对人生中跌宕起伏的事儿，有些人号啕大叫，有些人则沉默地闭嘴。在人生失意的时候，钢琴产生的声波是在幻觉中穿越的任意门，摸到它，就能瞬间进入另一个世界，理想的世界、梦幻的世界——谢天谢地，神没有拿走他以梦为马奔腾的权力。太好了，世界从此多了个音乐天才，少了一颗绝望的心。在 *I Got a Woman* 这样风靡全美的经典舞曲之后，他的乡愁和内心更有内蕴的部分长了出来。他不再仅仅是一个良好的情歌手，尽管这多少让他急速走红的趋势开始放缓。

二十多岁的时候他开始吸毒，这几乎是他人生中最糟的时刻了，但还远不止如此。之后二十多年，他一直沉迷于毒品。1965 年的某天，波士顿机场传出让全美震惊的消息，雷·查尔斯因吸毒被捕。在此之前他是一个了不起的偶像，他的绰号是 Genius，中文的意思是"天才"。他是美国黑人的希望，人人都爱他，Brother Ray，我的雷兄弟。荒谬与不可言说之事，往往是并行不悖且同路发生的，都被认为是理所当然，结果却事出意外。

多好玩。

多好笑。

他一生中最值得诟病的除了吸毒，就是与女人的关系。在某些时刻，他声名狼藉。对曾经"熟视"光明无睹而有一刻骤然陷失于黑暗混沌中的雷·查尔斯来说，享乐主义一早与他远离……还有幸福。幸福为何如此之远？人生于他，是在潮湿地区的夜幕里持续地、吃力地燃起自以为是的烟火。在这一刻，我书写的，是凭借听觉"看"到的世界里的绝望。雷·查尔斯拍过一条汽车广告，他独自驾车穿过死亡谷沙漠，没有人帮助他。

他拥有无数天才般的音乐：*Georgia on My Mind*，*Hit the Road Jack*，*The Right Time*，*Yes, Indeed*，*Hallelujah, I Love Her So* 和 *I Can't Stop Loving You*……即使隔了半个世纪的今天重听，也能发现其中惊人的旋律之美。他的音乐是注定要成为经典的，这既打破了黑人与白人的壁垒，

也成为他回顾光明的最好的彼岸。

进入 21 世纪后，他与埃尔顿·约翰合唱了 *Sorry Seems to Be the Hardest Word*，成为一时盛事。作为开创节奏布鲁斯音乐的人，摇滚名人堂第一批名单他榜上有名，《滚石》杂志的"史上最伟大的百名歌手"，他排第二位。伟大的弗兰克·辛纳特拉则称他为"音乐界唯一的天才"。有些人虽死犹生，有些人虽生犹死，有些人用梦生存、用梦永生，在寻找和追寻中变成梦旅人、梦野人。梦里不知身是客，一晌贪欢。他是雷·查尔斯，也是千万个身心残障的人，往宽里说，咱们都有病对吧。我觉得面无表情穿最 × 的西装然后耳朵里听的是雷·查尔斯的那些人，都很棒。即使苦熬在 CBD 里，他们也能一晌贪欢。

艾米·怀恩豪斯：怀念声名狼藉的日子

人因爱而生，爱是我们唯一的出路。当然，为爱失去平衡本就是平衡的一部分。多绝望不是？

就像张爱玲老奶奶说的，活人的太阳照不到死者的身上，即使再大力地缅怀、追忆、感慨 Amy Winehouse（艾米·怀恩豪斯）的天才与成就，也只是咱们自己的事儿了。对二十七岁人生就戛然而止的她来说，人只会长大，不会变老。在死于青春的音乐人"二十七岁俱乐部"里，她也是才华横溢的一位——聪明，天生一副好嗓子，音乐才华出众。可她爱喝酒、嗑药，身上的文身又乱又丑又粗糙，造型很乖张。唯一跟她有同样大脑袋的女歌手，是齐豫——三花聚顶的发型，动辄搞装置艺术。连山地摇滚老奶奶 Wanda Jackson 都爱她，唱的 *You Know I'm No Good* 真真动人，要知道，那可是七十多岁的老奶奶哟。在影响力这件事上，她就是这么这么地身处牛 A 与牛 C 中间不可自拔。

看了 Amy 去世前三天的演出视频，只觉得，上帝使其毁灭，必先使其疯狂。那不是一个正常状态下的人，更不是艺术家。她摇摇晃晃，唱了 *Love Is a Losing Game*，台下的观众比她先唱，她我行我素地随着唱了几句，乐队看她情况不对，就没有自然结束，而是不停地反复演奏间奏和过门，等着她开口唱，她摔了话筒推倒话筒架之后就跟乐迷熟悉的那个黑人帅哥伴唱推搡了几下，貌似是要用他的话筒，然后离去。

这是她最后一次登台演唱，她在自己的教女音乐发布会上表现很糟，唱的歌是 *Love Is a Losing Game*，这首歌的歌词曾出现在剑桥的试卷上。2008 年，她横扫当年格莱美奖，专辑是 *Back to Black*。《回归黑暗》，这是专辑的名字，然后我想起来她当时入狱的丈夫叫 Black，他教会她酗酒、吸毒，并让她心碎。比琳赛·洛翰还邋遢的 Amy Winehouse 是处女座，我猜是爱情让她陷入了永远 losing（失败）的怪圈，这与事业无关。人因爱而生，爱是我们唯一的出路。当然，为爱失去平衡本就是平衡的一部分。多绝望不是？

You know I'm no good. 喜欢 Amy Winehouse 的人，大抵都有一颗叛逆或试图叛逆的心。挪威人蒙克画出了让全世界都浑身抽动满地哆嗦的《呐喊》，这说明即使是北欧这种人淡如菊心素若简的地方，艺术家还是有选择激烈生活的可能和权利。所以仔细琢磨一下，披头士和 Amy Winehouse，阴郁冷静的英国人有他们自己的那一套激烈的东西，虽然二者相隔了半个世纪，但血液里有些基因是隔代遗传的。我爱他们。

我在王小峰博客上看到他写的一句话，一个咖啡爱好者说："一杯 Espresso（浓缩咖啡）要在 30 秒内喝完，不然味道就变了。"有些人、有些事儿、有些玩意儿物件，只能选择激烈，不然就坏菜了。而对个别性格急躁的人来说，吃屎也想抢一口热乎的，这绝不是嘴上说说。

人在江湖漂，都靠演技飙。Amy Winehouse 扮演了一个头比斗大、满身刺青、火暴如驴的女歌手，她骂脏话，揍记者，打歌迷，吸毒暴瘦后又神经兮兮地给自己隆乳成一个葫芦精，看起来像是 70 后 80 后小时候看的美国超人系列动画片里的恶毒坏女人丽娜或者娜塔莎。

在网上看了个 1989 年出生的法国姑娘 Joyce Jonathan 翻唱的 *You Know I'm No Good*，唱得温柔似水愁肠寸断。这时候我才发现，即使是又 Funky（骚停打击乐）又 Jazz（爵士）的原版，歌词唱来依旧让人意难平。

也就是激烈、勇敢、不羁，甚至疯狂、厌世、痛苦和忧伤，她才能在格莱美上满怀愤恨与怨地隔海唱响。生活难熬，且撑着吧。当时因为吸毒，英国政府禁止她出境去美国参加格莱美，主办方的办法是让她在伦敦的舞台上同步连线，结果一晚上她得了一堆奖。就像尚雯婕在《阿修罗》里唱的："生过死过，打过爱的一仗，经历失心病，使我更加闪亮，经过洗礼，得到我的盔甲。"

音乐界的怪人们，向来有成为时尚界 icon（偶像）的潜质。Lady

Gaga 算起来，是步了 Amy Winehouse 和 Beth Ditto 的后尘。关于 Amy Winehouse 自己设计的衣服，这么说吧，不管什么样的衣服，一旦做成情侣装，在街上看见的时候我就心存恶念，"看啊，这俩货搞过！"各种崩溃瞬间来袭啊。唯一能免俗的是同志情侣，两个男生或女生，穿一样的衣服，甜蜜、羞涩、纯真或勇敢地锦衣日行。Amy Winehouse 的 T 恤是最适合在此种场景中出现的，找到过一个你，跟他穿一样的衫。

在 Amy Winehouse 的 Live（现场）演唱中，人们都纵情相爱，天真无邪。正如同我在某本欠我稿费多年的杂志里的一句话：当全世界约好一起下雨，让我们约好一起在心中放晴。比如 *Monkey Man*，弥漫着一种烟雾和气味，又如太宰治在《人间失格》里写的：酒、香烟和妓女，是能够帮助人暂时忘却人的可怕的绝妙手段。

情深不寿，慧极则伤。这真是天才与痴情儿最刻薄绝望的写照，二者有一已足够倒霉，Amy Winehouse 全乎了。在人人知心姐姐个个情感信箱的时代，这个二十出头的姑娘选择了一条深刻而无尽的道路，她用了各种方法来描述爱情，"我爱你"无非是一个语气助词，"我爱你"，不是我杀你，是你杀了我。爱是血腥是暴力是非你不可你死我活。爱是一句咒语，有时候，也是一句脏话。罗伊·克里夫特的《爱》里说：我爱你，不光因为你的样子，还因为，和你在一起时，我的样子；我爱你，不光因为你为我而做的事，还因为，为了你，我能做成的事；我爱你，因为你能唤出，我最真的那部分……我心里最美丽的地方，被你的光芒照得通亮。

大成若缺不是吗？拥有的东西越多，就渐渐地疲惫疲倦，所以你看，人就是不知足。有些人想要白头到老，而 Amy，她只想金风玉露一相逢，胜却人间无数。就像我爱的另一个死去的女天才萧红的诗：我的胸中积满了沙石，因此我所想望着的只是旷野、高天和飞鸟。世界上有很多个 Amy，而现在，对我和很多人来说，只剩下一个 Amy 了。

这个名字是属于你的，Amy Winehouse。我怀念你，也怀念你声名狼藉的那些日子。

尚雯婕：送你一坨 BB 弹

一个 CBD 普通上班族着魔似的全国各处跑，参加唱歌比赛，若不是小宇宙足够强大，怎能熬到后来？！往往有时候，挺住意味着一切，这给了不放弃的人们一个相信奇迹的理由。

刘瑜有本书，叫作《送你一颗子弹》，全文大概是博士女也爱八卦和叽歪的意思，透着股有真本事的人跟你耍赖卖萌的可爱劲儿。有真功夫是难得的事，对当下的尚雯婕来说，太多人只顾侧目而浑然忘却她原本是个特别特别好的歌手，这些人也包括我。

作为选秀歌手，尚雯婕这几年一直面临着定位和转型的问题。好嗓子是天生的，但歌手的作品才是关键。她一直等待一首可以红透半边天的作品，在等的时候，她变成了一个全新的人。"Lady 雯婕 Gaga"的出现，给中国的音乐界、时尚界乃至选秀界带来了一次冲击波。现在的尚雯婕一年做两百多种造型，她的口碑则从超女时期的一面倒变成了另一种形式的一面倒。"暗夜中自备烟花，让灿烂闪烁照耀人脸。"这句话显然可以概况当下尚雯婕的若干境况。

"若你喜欢怪人，其实我很美"，对现在的尚雯婕来说，这既是箴言也是警句。对以无趣著称的摩羯座来说，尚雯婕其实是个特例，特立独行的那种。一个CBD普通上班族着魔似的全国各处跑，参加唱歌比赛，若不是小宇宙足够强大，怎能熬到后来?！往往有时候，挺住意味着一切，这给了不放弃的人们一个相信奇迹的理由。在经历了无数惊人造型之后，尚雯婕等到了《阿修罗》，这是她新专辑Hello Asia里的粤语歌，乍听之下，我以为是黄耀明的"人山人海"，抑或是鼎盛时期的关淑怡。阿修罗是天龙八部之一，女美男丑，王菲已有同名曲在先，亦舒亦有同名小说，讲年轻女子在爱中身负魔力。"争过、斗过、被欺瞒、亦受伤"，尚雯婕的《阿修罗》歌词大美，作词的不是林夕而是香港新秀林若宁，写得美极了。据说编曲里加入了侗族大歌，再加上尚雯婕特殊的磁性唱腔、粤语，歌曲就有了上古的美感，简直一扫之前怪力乱神looks之全部恶念，一雪前耻。

我还记得有一次深夜在家写稿顺便玩微博，有人转发了尚雯婕造型集合照片，评论为"让你梦醒的十大理由"，确有提神作用。顺便说一下，她是我第一个要过签名的歌手。在她还是选手的时候，我在那家知名的电视台实习，半年后的春节前夕，我听着她唱的《丝路》泪流满面——

现在想来，简直陌生和脸红得恍若隔世。如果将尚雯婕的当下说成"突如其来时尚绽放"的话，那就纯属粉丝 YY（意淫）。尚雯婕还走过唱跳歌手的路数，*Crazy Love*，其实我觉得这首歌不错，不知为什么，评论界一直不看好。写这篇文章的时候，我一直努力控制自己，我喜欢过她，因为造型奇突而心生恶感，现在又重新喜欢上她，所以要努力避免写成粉丝花痴文，以至于这从另一个角度限制了我的立场。

想从选秀歌手直接跨越到时尚达人，几乎是不可能的。时尚这件事儿，不是换几套奇装异服就能变成时装精的。更有同出选秀之门的某女歌手被大品牌封杀的消息传出，"品牌公关致信该歌手，请她在公开场合勿穿自家的衣服，即使是自己买的"，原因据说是有失该品牌的身份。尚雯婕的时尚之路不是没有争议的，不仅如此，在有心人眼里，简直是苦命如菊，动辄被爆。可叹！但，我爱她。

仔细琢磨一下，连韩火火的脚趾都被 Alexander Wang 的鞋子磨破过，时尚圈真的不是好混的。在各路大小时尚博主的眼里，尚雯婕从来都是时尚教科书"反着看的那种"。豁出去是不容易的事儿，覆水难收这谁都知道。问题在于，从曝光率啦代言啦等等来看，似乎她摸到了某种娱乐圈盛行的规则；但从音乐搜索率上看，她踏上造型之路前后的差距是1∶10。实力歌手尚雯婕走上了一条令人侧目的道路，这显然也是某种程度的不疯魔不成活。

　　从履历表上看，尚雯婕的简介是这样的：尚雯婕，中国歌手，现签约华谊音乐，2006 年在全民选秀节目《超级女声》中，尚雯婕以史上最高票数 5196975 票夺冠，其后开始歌手生涯。尚雯婕毕业于复旦大学法语系，曾是上海排名前列的法语同声翻译。在歌手这条路上，因为法语和学历优势，她走了一条高端歌手的路线。但高端的音乐真的能让一个艺人如火如荼吗？似乎结果并不尽然。在第一个造型"千纸鹤"后，尚雯婕的活动造型多如牛毛，概念性确实让她从云裳美服中脱颖而出。"雷帝"真是个糟糕的称号，但她对此平静待之。原来姹紫嫣红开遍，似这般都付与断井颓垣。良辰美景奈何天，赏心乐事谁家院？"商业型艺术家"，这是尚雯婕的定位，她走上了一条安迪·沃霍尔式的老路，据说因此获得了许多国际大品牌的重视。如同保罗·奥斯特在《布鲁克林的荒唐事》里说的：人们说过很多事情，可并不意味他们打算去做。能豁出去，并不容易。

　　看过一个科技报道，说名画《蒙娜丽莎的微笑》里，共有 83% 的高兴、9% 的厌恶、6% 的恐惧和 2% 的愤怒。也因此，对一个流行歌手而言，好歌喉、好歌曲、好话题以及让人高兴厌恶恐惧愤怒的百分比究竟各占多少才能让他它变成 super star，真正是不得而知。"她以香槟灿烂其机智，而有时以眼泪明亮其双眸"，这话是说嘉宝的。尚雯婕这把枪，在选秀歌手时还是支让人恻然感动的喷水枪，如今连番演绎了变形记后，已然变成了把仿真枪，不仅有真枪的架势，还能射出颇具杀伤力的 BB 弹，不是不伤人的。按着这样的走法，兴许哪天能变成迫击炮也未尝可知，比如她破釜沉舟，最终走出了一条崭新的路。路随人茫，路且生长。

椎名林檎：我是苹果，我是灾祸

她是场一丝不苟的灾祸，正如叙利亚诗人阿多尼斯的诗句：我的孤独是一座花园。
她是要扭断天空的云，用白骨的双手，扼住人口密集的天苍苍野茫茫。

　　有一天，我在跑步机上，一边看朱天文的《古都》，一边慢慢走着，
像是散步，但我知道其实无非是为了减肥。这时候，跑步机的音箱里放
出了椎名林檎的《平成风俗》，用最俗气的说法是，这一刻我有些忧伤。
椎名林檎利用音乐表演生活，她选择性地写词、作曲、唱歌，她过着看
似真实而过激的生活，选择性地表达了其中的诗意、挣扎与绝望。这一
切换来了某种交流，但她似乎对此并不十分满意——她要得太多了。

　　弗罗斯特说：我和世界有过一次情人般的争吵。Ringo 是她的昵称，
源自她年少羞涩，动辄脸红如苹果。但苹果长大了，甜美的果汁开始蜇
刺世界。能量过于充足的人，若无出口，只会与世界相看两相厌。幸亏
做了音乐，"苹果女士"才能在晴天暴雪中和衣而下，在音乐中她看花望
月，她饥不择食。

　　幸福的爱，以及崇高的死，这本是李斯特的《爱之梦》，椎名林檎在数百年后、在远离李斯特数万里的地方，用不同的方式表达了同样的主题。人类的需求无外乎是如此，在物性需求和安全感之后，选择了爱。她的音乐中充满了跳跃感和金属感，她的嗓音有甜美和撒娇的成分，可是是凶兽的撒娇，是九婴是帝江是饕餮，并不是燕雀，也不是鸿鹄。《恶女花魁》的原声大碟由她一手操刀，《平成风俗》是我近年来最喜欢的电影原声，甚至没有之一。我还喜欢她在已经解散了的"东京事变"（她的乐队）时期的《黑猫道》，这显然不是一首脍炙人口的歌，但是胜在尤其有荒诞感、谍战感，以及某种老派喜剧的幽默感，像是盖·里奇的《两杆大烟枪》啥的，非常好玩、轻快，即使不去看日文歌词，单听曲调你都会喜欢。另外，人直立不动时需要动用三百块肌肉。

　　椎名林檎是生来就要做大人物的，她的资料是这么写的：1978 年出生于埼玉县浦和市，但出生的时候罹患食道窄小的遗传性疾病，动过数次手术，致使她的肩膀变形。天将降大任于斯人也，必将劳其筋骨，苦其心智。她的手术疤痕后来也成了粉丝赞誉的话题，因为像是天使断落翅膀的痕迹。她曾经参加过多次歌唱比赛，无一斩获，幸运的是，EMI（百代）给了这个不走寻常路的小城姑娘一个机会，让她在 1998 年 5 月出了单曲《幸福论》。你很难说喜欢椎名林檎的人，是喜欢她的音乐、她强烈到绝无可能忽视的风格，还是她甜美暴躁的嗓音。那首单曲里的她，穿和服翻白眼儿举吉他，歌词直白。于是，后来有了专辑《无罪偿还》，她成了新宿系班霸；于是，为友阪理惠写的 *Cappuccino* 成为当年最热门单曲；于是，《胜诉的新宿舞娘》让全日本疯了；于是，她以改掉椎名林檎（Ringo）名字出唱片的事儿，让《东京体育》杂志几乎全刊报道。我臆测不当苹果的她，是要变成葡萄或是柠檬，让苹果不是唯一的水果。

冯唐解释过姑娘是干吗用的："简单地说，姑娘是个入口。世界是一棵倒长的树，下面是多个分岔的入口，上面是同一的根。姑娘和溪水声、月光、毒品、厕所气味等等一样，都是一个入口。进去，都有走到根部的可能。"椎名林檎的出口是音乐也是视觉，卖出两百万张的专辑「胜诉ストリップ」里，噪音吉他、节拍电子和弦乐，加上她细若游丝烈如野马的嗓音，加上血与骨密布的韵律，这个嘴角长痣的女人矢志成为灾祸：她戴防毒面具，用舌头给女病人消毒，玩制服诱惑，殴打玻璃，奔马硬拽着她的身体四处践踏，她面带微笑，还用麻绳束缚自己，SM（虐恋）的欲与怒起于女权，无休无止。她的演唱会叫"以下犯上狂喜"，舞台是手术室，她热爱医疗事业，她的音乐是最野欲横流的医药代表。

她还是个好妈妈。2001 年，她跟吉他手弥吉淳二闪婚生子，婚后十四个月闪离，幸好还有个胖儿子，她心满意足。她毫无倦怠地趋近她的美梦，成为女护士，成为女伯爵，成为女皇帝，成为母亲，这恰似张爱玲说的，纵使隔着流年，爱着，爱过，相思着，都是人生的盛宴。她依存本性，毫不打算，是放纵也是放松。做人难，她一次次做蠢事做错事，在最好的年华里怀孕，并不惜破坏新专辑的拍摄，MV 最终只能以动画形式制作。她的本能和欲望压倒了世界，她向上仰起头颅，向下垂低眼角，该做的、该看的、该成为的和该毁灭的，她肆无忌惮、心知肚明。

　　作为德语爱好者，椎名林檎的那些让道学和保守派瞠目结舌的歌名亦属与德语结缘的苹果，比如《加尔基精液栗子花》，而《石膏》(ギブス) 则取自德文的同义词 (Gips)，还有《结核菌素》(ツベルクリン)、《虐待肝糖》(虐待グリコゲン)、《自我幻影》(ドッペルゲンガー)、《灵异现象》(ポルターガイスト)。她是场一丝不苟的灾祸，正如叙利亚诗人阿多尼斯的诗句：我的孤独是一座花园。她是要扭断天空的云，用白骨的双手，扼住人口密集的天苍苍野茫茫。她的歌名是这样的，《暗夜中的雨》《本能》《辩解德布希》《公共的病床》《禁欲》《石膏》《小鱼》《哮月丧家犬》《虚言症》《依存症》《浴室》《自我》，她 2000 年的专辑叫「罪と罚」，这是陀思妥耶夫斯基的小说，让人情归何处啊。一个从小听古典音乐还差一点儿跳了芭蕾舞的女子最终成了烈焰焚城型的摇滚歌手，这样的人生，也不过是对内晓之以理、对外嗤之以鼻罢了。才登上新年红白歌会，她就立刻宣布解散"东京事变"。听着新专辑 Color Bars，在她的嘶吼中，我想起了过往爱情中他眼睛里的一片海，还有她面颊上的一朵花。

　　她是灾祸，她是苹果。她是个对世界幸灾乐祸的苹果。

埃米纳姆：有伤坏痞变形记

对于浪子，人们的奢望是，既希望能圈养团购，又希望野性永存，这是屁话。

在任何一个城市生活的人也许不知道 Eminem（埃米纳姆）的名儿，但不可能没听过他的歌。喜欢埃米纳姆的人就跟喜欢王菲的人一样，有些是喜欢他的歌，有些是喜欢他的性格，有些是喜欢他是他——但显然，对这个好爹地、坏男人来说，倘若现在怀念声名狼藉的日子，也没什么不妥的。他是个痞子，显然痞子应该死于街头乱斗——这才是人们对英雄式流氓的期待和念想，而非辛苦养育胖女儿以及闲庭信步。

作为曾经的嘲笑坏小子，原名马歇尔·布鲁斯·马泽斯三世的 Eminem 用硬核说唱（hardcore rap）打破了黑人一统天下的说唱界规律，他是这个世界上最成功的 rap 歌手——可以没有之一。他叛逆他坏他吸毒他骂所有想学坏的年轻人，他妈妈曾起诉他，但他是个好爸爸。孩子是坏爸爸的漂白剂，所以，在电影《8 英里》里他写了一首忧伤的情歌给女儿。MJ（麦克尔·杰克逊）用死亡漂白了自己的一生，埃米纳姆则因孩子得到了救赎。

Eminem 演过一部叫作《左撇子》的电影，世间三大惨事——美人迟暮、帅哥发福、英雄末路，他占了俩。与角色相同的是，他曾经辉煌过，之后跌落谷底，用老鹰拔羽断喙重生的勇气夺回了属于自己的生活和女儿。人不能总是破坏和冲击，过了想打碎一切的坎儿，就还会想建立点儿什么。他的新专辑叫 *Recovery*，获了十项格莱美奖提名，堪称神兽出没，请绕行避让。比起当下机场书店满坑满谷的无聊励志书，那首充满鸡血作用的 *25 to life* 才是让人听了以后兽血沸腾的心灵杜冷丁啊。

Eminem 不是云端上的歌手，他生长在尘世和泥土中，直到变成衰败音乐行业的救世主。我们一直在讨论，下一个埃米纳姆是谁，下一个 maNga 式的音乐英雄是谁，但埃米纳姆一直还在。男孩变成男人，依然坚硬，但内心格局变得天地辽阔。他不再随意放炮，不需要骂了同性恋后还要跟基界永生喇叭花埃尔顿·约翰合唱来危机公关，他纯粹用音乐说事儿，正如他自己说的，他想做让人听一千遍一万遍的音乐，他做到了。但从某种意义上说，用鱼刺歌唱始终是 Eminem 的音乐基调，如 *Love the Way You Lie*，*So Bad*，当大时代的 hip hop 不再是小圈圈的自娱自乐，中年人 Eminem 选择了文艺复兴式的表达。他并不盲目追求音乐的幸福感，也不随意熬制小清新气息十足的十全大补汤，在摇滚乐一度陷入低谷的时候，Eminem 承继了真正的 rock（摇滚）精髓。从另一个角度来看，Eminem 的激烈反抗可能更像是一种自救，我们希望他像 Jay-Z 一样娶了碧昂斯签了蕾哈娜家财过亿挥霍风流，但 Eminem 依然是个用音乐阉割毒瘤的坏痞。

对于浪子，人们的奢望是，既希望能圈养团购，又希望野性永存，这是屁话。在 *Beautiful* 里，Eminem 说："我可能会和饶舌一同去死 / 我要一个新的出口 / 并且我懂有些事情无法吞得下喉 / 但我会退后一步，在我的伤感中颠簸 / 我知道一个事实，那就是跟随我的脚步可不是一件轻松的事 / 不用尝试 / 跟随我的脚步不是一件轻松的事 / 时光流逝，但你会拥有自己的漫漫人生。"这个童年颠沛流离至今不知生父是谁的男人如今痊愈了，曾经有伤的坏痞早已变形为新款经济适用男，这也未尝不是好事，对吧？

珊蔻：猛虎猛虎，心有猛虎

猛虎猛虎，心怀猛虎。心有猛虎，细嗅蔷薇。草原上生长的人，骨子里都长着猛虎。若没有虎威，怎能在草原上肆意横行？又怎能面对吞噬一切的沙暴过后，还余寸草？

寂静是螺旋藻，从天空长到草原，在毡房和群山间，连黄沙都是协奏曲。草原上并非只有大漠毡房、奶酒飘香，那些擦也擦不去的生活的残酷，才是几百万年来的真相。草原万物生长，自备巨大的孤独。与草原有关的音乐，都来自心中的光。没有风暴的日子，马头琴是草原的船长。

有一首歌——Sainkho Namtchylak 演唱的 *Old Melody*，我听了十年，喜欢了快十年，曲调烂熟于心，虽然不会歌词，但这些年来月月哼唱。草原的风和月光、狼啸与草长、莺飞，那是长在塞外人血液里的。我的家，离阿拉善左旗的草原，只有三个时。无论是在大妈大婶们雷打不动的广场上此起彼伏的《最炫民族风》，还是央视综艺节目无数年的保留曲目，蒙古风情的音乐都是无可替代的百搭品，德德玛、腾格尔，以及现在在二三线城市火爆异常的"凤凰传奇"，他们都是用草原音乐保驾护航的受益者。

白昼不欢腾，黑夜不落寞。

在那片草原上，一代人留下，一代人迁徙，而音乐就如此这般，从生活中长出来。海子在他的诗歌《九月》中说：我的琴声呜咽，泪水全无，只身打马过草原。他们都是心中存着猛虎的人。猛虎猛虎，草原上的人儿，心有猛虎。

我要写的，是出身图瓦共和国的超级女伶 Sainkho Namtchylak。有人拿比约克与 Sainkho Namtchylak 相比，因两人都出生于人口稀少的小国家——比约克来自冰岛；Sainkho Namtchylak 出生于图瓦，这是西伯利亚最南端的国家，太小了，十七万平方公里。中国古代的历史书上，图瓦被称作"唐努乌梁海"，席慕蓉曾写过一首同名诗："远远远远地高过海面/高原上安静躺卧着的/像菊花一般清澈的湖水啊。"这是一早被遗忘的旧山河。尽管年近六旬的 Sainkho Namtchylak 早就被当作国宝级艺术家，但在那个尊重传统的国度，女性用呼麦演唱是不被允许的邪恶的事情。Sainkho Namtchylak 来自西伯利亚南部的图瓦共和国，这个国家毗邻蒙古。她被称为图瓦的国宝，图瓦人的音乐最有特色的就是能够同时发出高音和低音两个声部的喉音唱法，这是男人专有的权利，最初传说呼麦唱法会让女性不孕，而繁衍后代是游牧民族最重要的事情。Sainkho Namtchylak 也确实一生不孕，她不婚自然不孕。她留光头，偶尔在演唱时戴黑色的假发。她曾经因为长期住在西方，被同胞枪击，幸好她活了下来。在国内的报道中，她的名字被翻译成珊蔻，如珊瑚如豆蔻。

珊蔻的音乐是草原上最狂放的风，她的音域有七个八度。少女时期，她在莫斯科顶级的学堂进修声乐，除了本民族天生的双声唱法（throat singing／khoomei），她还同时学了喇嘛、萨满巫教的宗教音乐体系下的发声方式，将肉喉当作乐器，从马头琴到萨克斯，她一嗓完成。在爵士、实验电影和纯粹人生艺术的多类型结合之后，她从民族风变成了世界音乐的 DIVA，而并不是简单的 New Age（新世纪音乐）。回顾四十年的音乐历程，她拥有 Out of Tuva, Tun-Gus-Ka Gu-Ska, Letters, Ser-gei Cher-now, Seven Songs for Tuva, Naked Spirit, Stepmother City 等专辑，她的作品不走传统的歌谣路线，而是将图瓦的双声唱法、蒙古的长调歌谣结合西方爵士乐、古典音乐、环境音乐，塑造出一种实验风格的东方音乐，并特别强调声音技巧的表现。

四十岁的时候，珊蔻从莫斯科转机图瓦，被旅居俄罗斯的同胞枪击，幸保不死。1997 年，她飞到莫斯科，打算从莫斯科返回克孜勒庆祝自己的四十岁生日，却在莫斯科遭到暴徒攻击，身受重伤。伤愈后，她做了一张专辑献给祖国，即 Time Out: Seven Songs for Tuva。被同胞伤害了肉体和心灵的她依然热爱祖国，她写道："我将这张作品献给图瓦人民，以及我在图瓦及其他国家的朋友。我希望有一天我的同胞能够理解，我是个属于全世界的艺人，我所创作的音乐没有国界。谢谢你们陪伴我渡过难关、协助我康复。希望我还能为你们唱歌许多年。"

我在网上找到了这张专辑的部分歌词："我生来就是要死亡的，请给我自由。或许我已经濒临死亡，但我仍将为你歌唱。无父无母孤独的我，蹒跚行走于人间，有一天，我将倒下死亡。我的身体就像树，哪儿是我埋葬之处？我的歌声就像鹿鸣，何时会破裂消失？我是个赤裸的灵魂，是的，就像个天真的孩子，穿越人间。不要怪我，果子成熟了，就会落地。就像太阳与月亮，我是个赤裸的灵魂。"

田沁鑫写过一句台词：这是我的草原，草原上年轻的猎手很多，他们怀着娶我的梦想，乘兴而来，又败兴而去，我仍是一个待嫁的姑娘。珊蔻很聪明，有音乐才华，曾是图瓦国家合唱团的第一女高音，她演唱的传统草原歌曲动情动心，尽管多年后有国内女歌手代青塔娜把 *Old Melody* 翻唱成《寂静的天空》，但二者的差距，一个是猛虎，一个是家猫，肯定也有人更爱猫的，但珊蔻是猛虎。

猛虎猛虎，心怀猛虎。心有猛虎，细嗅蔷薇。草原上生长的人，骨子里都长着猛虎。若没有虎威，怎能在草原上肆意横行？又怎能面对吞噬一切的沙暴过后，还余寸草？草原的歌曲，是天苍苍野茫茫的世界里，唯一通用的丈量。走进草原，歌声是阻止人们在孤独中窒息的唯一方法，草原上刮起的北方的风暴，是一年到头都会遇到的天象，正如永夜般悠长。乌云中的天空翻滚，在电闪雷鸣中找到跑失的魔马，哪有什么武器可言？无非是用歌声。草原人的血液里流淌着这武器，随身携带，幼不畏长，老有所为。

惠特尼·休斯顿：写给死去的歌

人一生总该有哪个时刻，为了谁，为了什么，而忘了自己。歌是歌手的故乡，而她们是歌的原乡。在她们的歌声里，无数人觅梦而来，走在梦途之上。

1989 年 6 月 24 日，一个日本女人死亡，她是前无古人的演歌歌手，有无数唱遍亚洲的日本歌谣；2012 年 2 月 11 日，一个美国女人死亡，她是黑人，后无来者的女歌手，全世界的人都听过她的歌。这两个人是美空云雀和惠特尼·休斯顿。她们一个来自东瀛，一个来自北美，五十岁左右的时候，她们死了，时代不同而已。

惠特尼·休斯顿，她是个阳性词、感叹句、一种大呼小叫的语态，如果是循规蹈矩便不够尊重她，最终颂歌付诸东流。她是 The Voice（她的别名）、《时代周刊》世界七大女歌星之一、《滚石》杂志评选出"史上最伟大的百名歌手"第三十四名，在全世界卖出了一亿七千万张专辑，是吉尼斯世界纪录中获奖最多的女歌手——获奖四百一十六次，提名五百六十二次。她痛恨厨房，狮子座。当初唱 *When You Believe* 时，她几次三番表示 Mariah Carey 根本不会唱歌，她证明的方式是在奥普拉·温弗瑞的节目上与伊合唱，让伊变成了和音天使，她才是主 key，永远的。

这两年她嗓子倒了，因为吸毒。天才的人生成于斯，死于斯。当她无法与自我的天才相处时，她毁灭了天才；当她习惯了天才而妄之，她便因着失去的天才，毁灭了自己。她被前夫 Bobby Brown 带着吸了毒，毁了嗓，破了产。她最大的才华就是她的声音，她所有的灵性都给予了这个"1"，若是这个也没有了，只能一切归零。2009 年 9 月，在乐坛消失七年的惠特尼·休斯顿发行了新专辑 *I Look to You*，这张专辑依然是质量上乘的音乐作品，遗憾的是当惠特尼重新站在舞台上的那一刻，人们就知道了，惠特尼被天使吻过的嗓子已经一去不复返了，她甚至还不如在某个晚会上向她致敬的詹妮弗·哈德森。

歌声、歌声、歌声，如雾亦如电。连模仿她的李鬼们都纷纷吃上了肉，李逵却死了——死前传出她破产的消息，她甚至需要问人借一百块钱。男人被自己毁灭，女人被男人毁灭。上一次的复出，像进入了佛教的天人五衰，耳不聪，目不明，嗅觉不灵，神色枯槁，连华美的衣裳也蒙尘埃。

王朔大爷写的："你是从画上下来的，我们都是，我们为人之前都是在画中。永恒是一幅无涯的壁画，我们是其中的一抹颜色。这之后也要回到画中，所以不要怕死，那就像把降落的镜头倒放。"这个世界无趣得太久了，总是苦、集、灭、道，无智无得。惠特尼·休斯顿死在了格莱美颁奖晚会的头一天，歌已止步，止于此时，止于此刻。若是再晚几天去世，来年的格莱美一定会聚合无数歌星向其致敬，就像迈克尔·杰克逊离去那般无二。她连死亡都搞得如此意外和不拘小节，就这样，落花流水。Yes, bye, bye, bye, bye, bye. 活着的时候乱花渐欲迷眼，这风光足以支撑她度过死去的寂灭无色无声。死去了，就会变得无欲无求，对吗？

从小，惠特尼·休斯顿就开始接受正式的音乐素养教育，她母亲茜茜是 20 世纪 60 年代美国"甜美灵感"乐队的主唱。十一岁的时候，预备与母亲一同上台的惠特尼因为母亲突然倒嗓而独自演出，这是她第一次真正意义的登台献唱，一唱成名。但她的第一份工作，则是凭借惊人美貌而得到的模特儿工作，她先后登上过 *Glamour*，*Seventeen* 杂志，那之后，才于 1984 年录制了第一首单曲 *Hold Me*。她的第一张专辑名用了自己的名字——*Whitney Houston*。而那已经是 1985 年的事儿了，全球狂卖一千三百万张，蝉联 *Billboard 200* 专辑榜十四周冠军，其中的金曲 *You Give Good Love* 和更加耳熟能详的 *Saving All My Love for You* 是全世界的人都听过的歌。当然，还有《保镖》，以及 *I Will Always Love You*。

而对那个时代的我们来说，闲暇时间是圣斗士、雅典娜、银河、山脉、河流。再往后，是"小魔女"范晓萱，是《健康歌》，是"我爱洗澡，乌龟跌倒"。她最清纯貌美之时的这列班车，我们都错过了，我们看见的是呼啸而过的背景，她开始走向泥沙俱下的生活。心中火如雨，洒落满地。世界太大了，而人太小了。纵然抱残守缺的好风景，我们也只能走过路过错过。接下来，就是她的吸毒丑闻、家暴丑闻、倒嗓疑云，以及，她死了。

她是无与伦比的惠特尼·休斯顿，她拥有把精美的生活一拳打烂的权利。你看她，花落水流，人去音息；你再看她，歌传东南，乐传西北，死后却是万事空。在破产消息确认之前死去，躲过白头宫女话当年的危险，想哭还是幸好？

另一个女伶美空云雀，是日本去世二十多年的国民歌姬。她的《苹果花》被无数人唱过，包括陈珊妮和我喜欢的周笔畅。她是 20 世纪日本最伟大的歌手，没有之一。她出生在横滨，九岁登台，十一岁改名"美空"，她有一副无敌的金嗓子，并且遇到了无数动人的作品，继而一红再红。少女时期的美空主演影片《悲伤的口笛》时唱的同名主题歌，让当时的日本记住了"天才少女"。十三岁的时候，她去了夏威夷公演，她唱的 Jazz 说实话绝不次于劳拉·佩吉。成年以后，美空云雀歌影双栖，成了日本当时议论纷纷的社会现象。她不仅主演了著名的《伊豆舞女》和《猜拳姑娘》，还因为影响力太大，以至于日本六家电影制片公司为了博取生存的一席之地，不得不联合对抗美空。

　　她的《川流不息》是被多明戈和邓丽君翻唱过的超级金曲。这个原名加藤和枝的日本女人，结过婚也离过婚，因为与黑道说不清道不明的关系而曾被全日本封杀数年。「悲しい酒」「芸道一代」「真赤な太阳」……她的畅销作品甚至还有《北国之春》。她去世之前不久，NHK（日本放送协会）电视台做了长达十小时的电视特辑，这是殊荣也是纪念。俗世风景，好美真美。写及此刻，我抽的自制卷烟的过滤嘴没了，喝一杯青稞啤酒，听任李宗盛在心里放冷枪，"没见过分久的合"，他唱道。若能放歌，必得忧伤，也必得欢喜。天后说白了，也就是掌控了出色歌艺的单身女人。她们不是唐僧，谁是？总有法力更高幻术更美的妖精此起彼伏，就连孙悟空也总免不了被六耳猕猴假扮，叫人分不清真假忠奸。显然她们的离开有着音乐藤蔓上生无所息的影子，这毫不惊人。我想走到尚未"死去"的你们面前，再听那活着的歌与乐。

　　席慕蓉写过，有一种恐怖的说法，诗继续活着，无关诗人是否存在，还有一种更恐怖的说法是，要到了诗人离席之后，诗才开始完整地显现出来。对于西方的惠特尼和东瀛的美空云雀，想必恰是如此：人一生总该有哪个时刻，为了谁，为了什么，而忘了自己。歌是歌手的故乡，而她们是歌的原乡。在她们的歌声里，无数人觅梦而来，走在梦途之上。

后记
在人生的路上更高、更快、更强

聪明的我们，选择最接近幸福的直路生活，既求岁月静好，也求一生心安。

　　我有一个朋友前段时间发短信给我，用马景涛体狠狠咆哮了一番：我 ex 家生孩子……××的为什么我还是像被捅了一刀似的？我××的情商到底是有多低啊！！我是看了他姐姐的微博才知道的……瞬间胸口碎大石觉得人生真没意思。想想就觉得这是什么世道啊！好人没好报！贱货很幸福！我倒不是嫉妒他，问题是凭什么啊！

　　这个朋友是个奇葩，出生县城，高中辍学，之后酗酒、恋爱，幸亏那时候博客兴起，让她有了能量喷吐，那些文字和影响如同黄河之水天上来，堵是堵不住的，只能汹涌流过，势如摧枯拉朽。在本地的加油站当了几年宣传员后，她去了北京，在一家非常有名的杂志社做编辑，苦熬几年终于转正。她善良但孤独，活泼但苦闷。

看起来即使再平顺安良的人，也不敢说在过往的人生中，自己完好无损。但有所缺并不意味着就要从司马光砸过的缸变成一个筛子，爱人没错，行善没错，付出没错。年纪越长，看过和做过的事情越多，我就愈加相信，只有好人能够走到最好，坏人通通没有好报，而且坏人都很傻，聪明点儿的至少也要努力博一个积德行善的伪名吧。所以，聪明的我们，选择最接近幸福的直路生活，既求岁月静好，也求一生心安。

生活不易。大多数时候，我们都是对着镜子跟自己掐架，说白了，哪有什么天堑巨壑？无非是自己的心气儿不够罢了。就算不是蝴蝶，也能飞过人群中时隐时现的沧海桑田，别废话，你还可以更好！

王朔大爷说过，崩溃就是想起历次崩溃。我的很多朋友天性聪颖，可是生活得笨拙，以至于全身旺盛的能量和生命力无法顺畅地消解排遣，因为频繁崩溃。青春期无法透支的元气之毒，到了成熟的阶段，依然晃晃悠悠地之字形前进，碰得周遭摆设东倒西歪自己头破血流。在痛过之后，人要学着理解自己，原谅自己，把跟自己掐架的精气神用来做建设性的事儿。

很多人的困扰在于不知道去哪儿跟谁一起干点儿啥，没关系，多尝试，世界上好玩儿的东西多了，实在不行，咱们的后路还包括一条：三十岁以后努力赚钱玩儿。只要不是争求家底儿过亿，我从来不觉得赚钱一定要苦大仇深，生活一定要颠沛流离，恋爱一定要千方百计，爱情一定要天崩地裂。

如果不喜欢当下的职业、爱情，甚至自己，就不妨去改变。我希望读者们读到这本书可以给自己一些心劲儿，这是我远程送来的鸡血，也是隔空甩来的小鞭子，你们必须努力起来。生活惨淡，一次不慎，便是万丈深渊。常常，人们说得太多，而做的精力都被说完了。我相信能量守恒，所以头脑简单的行动派往往成功，而心思纠结的内心乱斗派一辈子都被自己给误了。

不能细想，不敢细想

我之所以拳打脚踢地鼓励我身边的兄弟姐妹要打起精神，要打鸡血，必要的时候洒狗血，真心是因为我悲哀地发现，这个世界有很多的不幸福，而在滚滚红尘中，不打起十二分精神做好自己，便会成为那蝼蚁一般被轻易碾碎的生物。所有人都要养老，年轻时候经历痛苦和辛劳，无外乎是想让家人的生活好一点儿，以及老来福报，而已。

从严格意义上来说，这是我的第二本书。我曾经写过一些散文和诗，现在也写，偷偷地。我不是很敢写小说，因为长在心里的那些人的影色声味、那些写起来慢刀割肉般痛苦的人事物，我宁愿概述而不仔细描述。杂文写起来是很有趣的，而且有短平快的疗伤作用。

我曾经写过：我未必相信励志书能够真的影响人的一生，但事实上，在我自己的过往的多个瞬间、在我低落消沉阶段性忧郁季节性忧郁的时候，那些让我产生鸡血亢奋作用的书，是我的法宝，它们让我在面对平庸无趣一眼向前毫无变化的生活时不至于就此认命，更不至于面对大困难小委屈如丧考妣。

而另一位我爱的诗人里尔克也曾经写过，谁此刻孤独，谁永远孤独。孤独是我们一生都在解决的命题，我选择鞭打自己，以及用同样的力道鞭打身边的友人，多次试验后我发现，凡是顶住了开始的阵痛的各位，后来都变得越来越好。当自己构建了一个巨大的、坚硬的、安全的茧子时，那只破茧长出的不管是蝶是蜂，对自己来说，都是一件了不起的事儿。

人生中有很多 bug（漏洞），有些人因为敏感和不宽容，在自己的生活中选择了"大家来找碴儿"模式，这就应了那句话，"世界上不是没有缺点，而是缺少发现缺点的眼睛"。这些先天性的缺陷会让人陷入自己跟自己打架、较劲儿、拧巴、对撕的恶性循环，人们总想寻找出口，可总也打不过另一个自己。他们的精神分裂症常常暂时痊愈又经常临时发作，所以他和心里的另一个他无论谁获胜，承受伤害的都是自己，怎么也跑不掉。

学会宽容是大基调，想要报复生活的人，幸福指数会因此 down（跌落）到谷底。我一直觉得，那个腰缠万贯富可敌国的复仇天使基督山伯爵，是世界上最痛苦的人。一旦走上复仇这条路，没有赢家。尽管我讨厌经常把"认真你就输了"挂在嘴边的人，但这句话本身是无辜的，It's right.（正确无误。）

年轻真是最容易丢掉的珍宝——你看我们年轻吧，过一会儿就老了。不过光阴这件事儿真是个神奇的东西，它不仅是面目全非脚，还可以是还我漂漂拳。即使在这个年龄被岁月这把杀猪刀斩到血流成河，换一个活法儿，下一个时间里，它也会变成回春丸让人药到病除。

别废话，你还可以更好！我们都是！